O BOM CONFLITO

JUNTOS BUSCAREMOS A SOLUÇÃO

Maria Tereza Maldonado

O BOM CONFLITO

JUNTOS BUSCAREMOS A SOLUÇÃO

Integrare
EDITORA

Copyright © 2008 by Maria Tereza Maldonado
Copyright © Integrare Editora, 2008

Publisher
Maurício Machado

Assistente editorial
Luciana M. Tiba

Produção editorial e diagramação
Nilcéia Esposito / ERJ Composição Editorial

Preparação de texto
Gisele Moreira

Revisão
Adriana Parra

Projeto gráfico e capa
ERJ Composição Editorial / RS2 Comunicação

Foto da orelha
José Inácio Parente

Dados internacionais de Catalogação na Publicação (CIP)
(Câmara Brasileira do Livro, SP, Brasil)

Maldonado, Maria Tereza

O bom conflito / Maria Tereza Maldonado. --
São Paulo : Integrare Editora, 2008.

Bibliografia.
ISBN 978-85-99362-25-9

1. Administração de conflitos 2. Mediação
3. Psicologia social 4. Relações interpessoais
5. Solução de problemas 6. Violência I. Título.

08-06168	CDD-158.2

Índice para catálogo sistemático:
1. Conflitos : Relações interpessoais : Psicologia aplicada 158.2

Não é permitida a reprodução do conteúdo desta obra, ainda que parcial, sem a autorização por escrito da Editora.

Todos os direitos reservados à INTEGRARE EDITORA LTDA.
Rua Tabapuã, 1123, 7º andar, conj. 71/74
CEP 04533-140 – São Paulo – SP – Brasil
Telefax: (55) (11) 3562-8590
Visite nosso site: www.integrareeditora.com.br

Mensagem do Instituto Fazendo História

O *Instituto Fazendo História* atua como parceiro de abrigos na busca pela melhoria da qualidade de vida e do atendimento às crianças acolhidas. Mais do que um grupo de profissionais, com diversos programas que visam acompanhar os abrigos em seus desafios cotidianos, o *Instituto* constitui-se em um núcleo de trabalho e produção de conhecimentos sobre o abrigamento.

Neste sentido, é com grande satisfação que recebemos o convite para a parceria com a Integrare Editora nesta publicação de Maria Tereza Maldonado. Em primeiro lugar, por fazer parte de um projeto maior desta editora que é o de trazer para os diversos públicos sob diferentes abordagens, informações sobre educação, sociedade, atualidade e cultura. É a partir de ferramentas como estas que iniciamos as transformações tão necessárias em nossa realidade social.

Em segundo lugar, a satisfação vem pelo tema desta publicação: O BOM CONFLITO, que nos despertou, já pelo título, algumas reflexões: Como entender o conflito como uma ferramenta de crescimento pessoal e institucional dentro dos abrigos? Como garantir espaço para que os conflitos possam emergir sem necessariamente destruir vínculos e relações?

Acolher crianças e adolescentes em um abrigo não é tarefa simples. Como cuidar e educar sem reproduzir um modelo familiar? Como lidar com origens, histórias e dificuldades tão diversas, trazidas por *aquela* criança, em um cotidiano marcado por um ritmo coletivo? Como atender a tantas demandas que o trabalho com essas crianças e adolescentes apresenta?

Maior ainda é a dificuldade sentida por uma criança que, ao ser abrigada, deve compreender e aceitar que sua nova realidade é composta por pessoas, lugares e hábitos totalmente novos e desconhecidos. Não há como negar os conflitos que emergem quando tantas histórias de vida se encontram em um lugar para se viver e conviver como é o abrigo. Há sim que olhá-lo de frente para um melhor acolhimento, pautado no respeito pelas diferenças e pela busca de soluções para questões cotidianas.

Por fim, agradecermos a oportunidade de participar desta parceria que trará benefícios e possibilidades de ampliação aos nossos programas e ações junto aos abrigos.

Parabéns à autora e à editora pela iniciativa.

Cláudia Vidigal.

Diretora do Instituto Fazendo História

Sumário

Mensagem do *Instituto Fazendo História*.................... 5
Apresentação e Agradecimentos 11
Introdução 13

1. De onde surgem os conflitos?.......................... 17
   As raízes do conflito 19
   O colorido dos diversos pontos de vista.............. 21
   Como surgem os conflitos destrutivos?................ 26
   O que são e o que fazer com os conflitos intratáveis?..... 28
   Como evitar que os conflitos se tornem intratáveis? 33
   Como atacar o problema sem atacar a pessoa?.......... 35
   E o que de melhor pode acontecer com Regina e Marcelo, Leonardo e seus pais, Luiz Carlos e Jerônimo? 40

2. Conflito pode ser bom?................................ 43
   A encruzilhada dos conflitos 44
   O uso e o abuso do poder............................. 49
   A utilidade da visão sistêmica 52
   A complexidade dos conflitos......................... 57
   Descobrindo a área em comum nas divergências 60
   E o que de melhor pode acontecer com Tiago e Lucas, Márcia e padre Murilo?................................. 63

3. Como lidamos com os conflitos?........................ 67
   Quais os caminhos mais comuns?....................... 68
   Negar, evitar ou fugir do conflito 70
   Abrir mão, acomodar-se 72

Usar o poder ou a força 75
Ceder, barganhar ("toma lá, dá cá") 76
Colaborar, fazer acordos 80
E o que de melhor pode acontecer com Maria Clara,
com os donos da grande livraria e com Reinaldo? 83

4. A boa raiva 85
O que fazer com a energia da raiva? 86
Como lidar com a raiva dos outros? 93
Remanejando as críticas e neutralizando a agressividade ... 99
Os estragos da mágoa e o poder do perdão 106
E o que de melhor pode acontecer com Diana,
Henrique e Afonso? 110

5. A riqueza da comunicação no reino dos sentimentos 113
Os canais da comunicação 114
Aperfeiçoando a escuta sensível.. 117
As perguntas como bússola... 125
A coragem de falar sobre o que está bom.......................... 129
Superar bloqueios, expressar-se com clareza 132
Desfazendo boatos e mal-entendidos 136
E o que de melhor pode acontecer com Luíza,
Bernardo e Suzana? 138

6. Podemos dar e receber ajuda! 141
Quem é o terceiro facilitador? 142
As habilidades do terceiro facilitador................................. 145
Os caminhos da negociação, conciliação, mediação
e arbitragem 150
Transformando conflitos, melhorando relacionamentos ... 157

E o que de melhor pode acontecer com Érica, Sara e Mauro? 162

7. Conclusão: Todos nós somos capazes de resolver conflitos! 165

    O conflito 165

    Nossa percepção 166

    A visão sistêmica 166

    O poder 167

    Nossa raiva 167

    Os canais da comunicação 168

    A escuta sensível 168

    Saber perguntar 169

    O terceiro facilitador 169

    A resolução de conflitos 170

Bibliografia 171

Sites consultados 173

Apresentação e Agradecimentos

As pequenas e grandes escolhas que fazemos todos os dias, a percepção das oportunidades que encontramos pelos caminhos da vida, as conversas que nos fazem pensar, o mergulho nas idéias que nascem nas nossas profundezas, a luz que vem de cima mesmo quando não a compreendemos muito bem: são inúmeros os fios que tecem os livros.

Quanto mais escrevo, mais fico fascinada com esse mistério da criação, mais me envolvo no trabalho árduo de acolher as idéias e trabalhar o texto em centenas de leituras e releituras, escritas e reescritas, na medida em que os capítulos se organizam, a seqüência dos temas se encaixa, a linguagem se depura na busca da palavra certa, da frase simples que faz sentido.

O bom conflito teve uma longa gestação e foi um dos livros mais fascinantes e difíceis de escrever, porque escolhi olhar o tema a partir de muitos ângulos, tentando descobrir o que há de comum na diversidade de situações da vida em que nos encontramos diante da encruzilhada dos conflitos. Tive acesso a um material de leitura vasto e complexo e conversei com pessoas de várias áreas profissionais que me enriqueceram com idéias e reflexões. Observei inúmeras situações reais de pessoas que lidam com os conflitos de diversos modos, escutei muitos relatos de participantes de palestras e seminários sobre o tema: incluí parte desse material no livro, para tornar mais concretos os conceitos teóricos apresentados. Escolhi escrever este livro para um público bem amplo:

pessoas que querem aproveitar a oportunidade que os conflitos oferecem para melhorar a qualidade de seus relacionamentos na família, na escola, no trabalho, nas comunidades em que vivem.

É impossível nomear todas as pessoas que contribuíram para a tecelagem de idéias deste livro. Porém, quero destacar algumas para um agradecimento especial: Mariana e Cristiano, meus filhos; Lucia Riff, Lia Carvalho, Marcelo Carvalho, Luiz Fernando Sarmento, Miriam Podlubny, Esther Frankel, Leopoldo de Albuquerque, Sidnei Lemos, Vera Noel Ribeiro, Marco Antônio Moreira Leite, Paulo Liberman. Nesse mosaico de diferentes experiências profissionais e pessoais, tive conversas com as quais aprendi imensamente sobre a arte de aproveitar os conflitos como caminhos de crescimento.

Rio de Janeiro, 2008

Maria Tereza Maldonado

Introdução

Felizmente, na maior parte do tempo, conseguimos nos entender razoavelmente bem com os outros, embora a maioria de nós não valorize isso e coloque lentes de aumento nas divergências, achando que a vida é dura e está cada vez mais complicada.

Os conflitos fazem parte da vida de todos nós e acontecem até nos relacionamentos mais harmônicos. Mesmo sem perceber, no decorrer do dia fazemos vários acordos na família, na escola e no trabalho. Porém, apesar de nossa prática de lidar com as divergências, podemos aprender a resolvê-las de modos mais eficazes.

Das diferenças entre as pessoas surgem os conflitos no cotidiano das famílias, das escolas, da vizinhança, do ambiente de trabalho. Por isso, os exemplos apresentados neste livro abrangem todas essas áreas.

Desde os primórdios da humanidade, as sociedades dispõem de meios tradicionais de resolver conflitos. No entanto, viver no século XXI, com a complexidade das mudanças – velozes e extensas – e com a realidade de conexão simultânea em todos os pontos do planeta, exige de nós muita flexibilidade, capacidade de adaptação, tolerância com as diferenças e habilidades de negociação em muitos momentos do cotidiano da casa, do trabalho, da comunidade.

A crescente interdependência na sociedade de redes e a tendência de muitas organizações fazerem a transição de estruturas verticais (hierarquias rígidas) para horizontais (gestão mais participativa e democrática, baseada em colaboração nas equipes de trabalho e nas comunidades sociais) são fatores que favorecem o aumento de divergências e mudanças na equação do poder. A tendência de incrementar o trabalho em equipe nas escolas e nas empresas, assim como o aumento da diversidade de organizações familiares ("equipes de família" compostas por pais casados, separados, em novas uniões e seus filhos), fez com que a boa administração de conflitos se tornasse um processo cada vez mais necessário. Por isso, é preciso que todos aprendam a se comunicar de forma eficiente e respeitosa, pensando em soluções em que ninguém saia perdendo, fora dos esquemas de competição predatória e destrutiva.

Nesse mundo em transição, um dos grandes desafios é encontrar caminhos para prevenir a ocorrência de conflitos destrutivos. Há muitos fatores que contribuem para que isso ocorra, tais como o fanatismo religioso, a enorme desigualdade de distribuição de renda, o alto índice de desemprego, os fluxos migratórios. A densidade demográfica cria inúmeros ambientes em que um grande número de pessoas de origens diferentes convive intensamente (em salas de aula, em empresas com muitos funcionários, na vizinhança de bairros populosos), dando margem a divergências que necessitam ser bem administradas. É preciso superar a visão de que resolver disputas define quem ganha e quem perde, porque isso limita as possibilidades de encontrar saídas criativas que permitem encontrar soluções satisfatórias para todos os envolvidos.

A capacidade de resolver conflitos com eficácia e agilidade – por consenso, conciliação, negociação, mediação, arbitragem – é, cada vez mais, um recurso indispensável à nossa sobrevivência. Porém, isso depende da disposição de todos os envolvidos, no sentido de trabalhar em colaboração e co-responsabilidade, aprendendo a atacar os problemas sem atacar as pessoas. *O objetivo deste livro é mostrar como aumentar nosso poder de transformar desentendimentos, divergências e até mesmo conflitos potencialmente destrutivos em terra fértil para gerar soluções satisfatórias para todos.* Para isso, é preciso olhar o conflito como oportunidade de mudança e de melhoria nos relacionamentos, aprimorar nossos recursos de comunicação e ter disposição para encontrar os pontos em comum nas divergências. É isso que torna possível construir acordos satisfatórios para todos os envolvidos e melhorar a qualidade do relacionamento.

Todos nós somos capazes de resolver conflitos e podemos aprimorar nossa habilidade nesse sentido!

De onde surgem os conflitos?

— Existem relacionamentos sem conflitos?
— Não, porque as pessoas são diferentes umas das outras e isso resulta nas divergências que formam os conflitos.

✗ Regina briga muito com o marido por causa de dinheiro. Os dois trabalham e Marcelo ganha um pouco mais do que ela, mas gasta além do que ganha, alegando que precisa aproveitar as boas coisas da vida. Regina, para evitar dívidas, acaba pagando contas que caberiam a ele, mas fica revoltada com isso porque considera essencial ter uma reserva para as emergências.

✗ Os pais de Leonardo foram à escola pedir à diretora que mudasse o menino de turma porque dois colegas estavam implicando demais com ele. A diretora argumentou que esse problema já estava sendo trabalhado em sala de aula e que o projeto pedagógico da escola considerava importante desenvolver nas crianças a habilidade de resolver conflitos e enfrentar dificuldades. Leonardo continuou pressionando os pais a pedir uma mudança de turma para livrá-lo dos "meninos chatos", apesar da melhora do convívio após o trabalho com a turma. Os pais, insatisfeitos com a postura da diretora, acabaram mudando Leonardo de escola.

✗ Luiz Carlos é um comerciante bem-sucedido que começou com uma pequena loja de cama e mesa no centro da cidade e atualmente está à frente de oito lojas em diversos bairros. Quando seu filho Jerônimo se formou em administração de empresas, começou a trabalhar no escritório central e passou a criticar o pai, por achar antiquado seu modo de gerenciar as lojas. Após um período de sérios conflitos, em que Jerônimo quase desistiu de trabalhar com o pai, Luiz Carlos aceitou algumas idéias inovadoras do filho que resultaram em maior expansão do negócio.

Que diferenças no conceito de viver bem provocam tantos conflitos entre Regina e Marcelo com relação ao uso do dinheiro? Que ações a diretora da escola poderia ter utilizado com os pais de Leonardo para evitar que eles tomassem a atitude de tirá-lo da escola? Como Luiz Carlos e Jerônimo conseguiram conciliar diferentes visões de gerenciamento para que a cadeia de lojas prosperasse ainda mais?

As raízes do conflito

O conflito ocorre quando as duas partes acham que suas necessidades não podem ser satisfeitas simultaneamente. O conflito também surge quando ambas as partes desejam a mesma coisa, mas o acesso ao que é desejado é muito desigual.

Os conflitos se originam de diferenças de:

- ✗ Valores (diferentes visões de certo/errado, diferentes estilos de vida, religiões, cultura).

- ✗ Estruturas (desigualdade na distribuição de recursos, de poder, de autoridade).

- ✗ Definições de papéis, de tempo, de dinheiro, de relações (comunicação ruim, emoções fortes, comportamento, percepções, falta de confiança).

- ✗ Informação (por falta ou erro, interpretação, métodos de avaliação, interesses).

Maiara e Luciana são sócias de uma confecção e estão se desentendendo. Maiara trabalha mais de dez horas por dia, preocupada com encomendas e entregas; Luciana, a estilista, não quer nem ouvir falar de ficar depois das cinco da tarde. As duas se complementam nas funções, mas têm filosofias de vida diferentes: uma quer trabalhar intensamente para alavancar a empresa, a outra quer viver a vida com tempo para se divertir; uma quer expandir rapidamente o negócio, a outra acha que o que ganham é suficiente e não está disposta a sair da zona de conforto.

Maiara está acumulando ressentimento; Luciana está impaciente com as exigências da sócia. O clima entre as duas está tenso.

O desafio é encontrar a área de semelhança entre elas, apesar das divergências, e colocar o foco no negócio: até que ponto a igualdade de carga horária é fator fundamental para avaliar a equivalência de dedicação? Como escolher bons critérios para avaliar a contribuição de cada uma para o crescimento da empresa? Quais as metas que querem alcançar?

Os problemas são mais fáceis de resolver quando:

✗ As partes têm muito em comum.

✗ As questões a serem tratadas são claras.

✗ Os recursos são adequados.

✗ Há opções, incentivos e compromisso.

Na abordagem de transformação de conflitos, vê-se o problema imediato como expressão de um sistema mais amplo de padrões de relacionamento construídos no decorrer do tempo. Por isso, a abordagem transformadora liga o presente ao passado. O objetivo é criar novas estruturas e maneiras de interagir no futuro. O problema atual é como uma janela através da qual podemos ver os padrões do relacionamento e as raízes do conflito (conteúdo do conflito X contexto emocional e relacional).

Diferenças culturais precisam ser mais conhecidas e compreendidas para prevenir conflitos no convívio entre funcionários de diversas nacionalidades nas empresas transnacionais. Fechar negócios e parcerias entre latino-americanos, japoneses, chineses e árabes, por exemplo, exige habilidade para lidar com diferenças que podem constituir fontes de conflito e de entraves para negociações eficazes.

Porém, considera-se que as raízes mais profundas dos conflitos interpessoais encontram-se nos conflitos internos de cada uma das pessoas envolvidas. Por exemplo, o modo como uma determinada pessoa aprendeu em sua infância a lidar com figuras de autoridade: acatando as ordens, questionando, rebelando-se, confrontando? Quanto isso colore sua maneira de lidar com os conflitos atuais com professores, chefes e demais autoridades?

O colorido dos diversos pontos de vista

A percepção rege o comportamento: o modo pelo qual as pessoas olham para os fatos determina a maneira como agirão.

É bom lembrar que nossos órgãos dos sentidos são extremamente limitados. Nossa visão, por exemplo, percebe uma parte bem pequena do espectro de luz, e o mesmo ocorre com a audição. Além disso, nossas flutuações emocionais, características pessoais e histórias de vida são fatores determinantes na nossa percepção seletiva, parcial e fragmentada. *Por isso, é impossível perceber corretamente a "realidade dos fatos".* Inevitavelmente, selecionamos alguns aspectos e nem sequer percebemos outros e damos pesos diferentes àqueles que conseguimos perceber.

O bom conflito

Os condôminos de um prédio começaram a achar estranha a alta rotatividade de porteiros e faxineiros, após a eleição da nova síndica. Ninguém era bom o suficiente: Nair olhava com lentes de aumento as deficiências dos que conseguiam passar em seus rigorosos critérios de seleção. Valorizava tão pouco as competências dos funcionários a ponto de nem investir em treinamento apropriado: ao primeiro deslize, preferia demiti-los. *O olhar que privilegia as deficiências gera ações diferentes das estimuladas pelo olhar que privilegia as competências.*

Nossa visão de mundo pode entrar em conflito com a maneira de outras pessoas enxergarem a mesma situação. Visão de mundo refere-se a estruturas que contêm nossos valores, crenças e suposições, e que influenciam nossa identidade (a maneira como nos vemos); a partir daí, construímos os significados de nossas vidas e relacionamentos. A solução eficaz para os conflitos precisa levar em conta essas diferenças, sejam elas conscientes ou não.

Os conflitos surgem a partir das diversas visões dos diferentes atores. Por exemplo: o financiador de projetos sociais quer maior quantidade de casos atendidos para que os resultados tenham mais visibilidade; as ONGs querem qualidade e, por conta disso, nem sempre é possível atingir a meta da quantidade. Com essa diferença de olhares, como avaliar a eficácia dos projetos?

Mesmo em situações simples do cotidiano, a diferença de percepção pode resultar em impasses e conflitos. Eleonora, por exemplo, foi criada dentro da tradição de estimular as crianças desde cedo a cuidar de seus pertences, inclusive lavar as próprias meias, mas seu filho argumenta que ela o explora porque seus colegas não são obrigados a fazer isso. Conflitos de opinião ou de valores precisam de comunicação clara para que se descubram caminhos de consenso.

O convívio entre pessoas de diferentes gerações no ambiente de trabalho (assim como na família) pode ser um foco de conflitos ou, por outro lado, representar a riqueza da diversidade de visões de mundo, valores, metas de vida, expectativas. O que é possível aprender uns com os outros?

Muitas vezes, o conflito existe, mas não é percebido nem reconhecido: é o *conflito latente*, que transparece no clima de tensão e insatisfação, intensificando a frustração, a desconfiança e a desarmonia nos vários níveis em que ele se instala (intrapessoal, interpessoal ou organizacional). Ao contrário do *conflito manifesto*, que é visível e palpável, o latente gera muitas correntes subterrâneas porque as pessoas envolvidas preferem fazer de conta que o problema não existe, não manifestam claramente seu desconforto ou desagrado e pensam que falar sobre ele é mais perigoso do que mexer em casa de marimbondos.

Em muitas circunstâncias, o racismo aparece como um conflito latente e até mesmo negado ("no Brasil não existe preconceito racial"). Por um lado, alguns integrantes do Movimento Negro acumulam raiva e indignação; por outro, muitos segmentos da sociedade não querem a relação explicitamente conflitante, temendo que isso seja negativo ou que vá acirrar os ânimos. A dificuldade consiste em ver o lado positivo do conflito e o benéfico da raiva, para abrir caminhos de mudança. Muito esforço é feito para manter o conflito latente por medo de torná-lo manifesto e, portanto, explosivo; com isso, desperdiça-se a oportunidade de transformar a sociedade, fazendo-a descortinar um novo patamar de convivência democrática.

Da mesma forma, na década de 70, o movimento feminista liderou campanhas que muito contribuíram para a visibilidade dos episódios de violência contra a mulher, denunciando o machismo e a ilegitimidade da percepção de que a "defesa da honra" do homem é mais importante do que a vida da mulher. Conflitos que permaneciam latentes e encobertos pelo silêncio passaram a ser manifestos (embora ainda aconteçam inúmeros episódios de violência que continuam guardados entre quatro paredes, por medo e vergonha). Quando a sociedade considera inaceitável lidar com conflitos conjugais e educar filhos de modo violento, isso acaba se traduzindo no campo jurídico: foi assim que a violência doméstica passou a ser considerada crime.

A mudança na maneira de olhar o conflito também altera o colorido da percepção. Muitos parecem insolúveis porque as pessoas envolvidas "empacam" rigidamente em suas perspectivas. No entanto, quando conseguem "redefinir" o conflito, ao levar em consideração as verdadeiras necessidades de cada um (por que cada um realmente quer o que diz que quer), a probabilidade de encontrar soluções satisfatórias para ambas as partes aumenta.

As pessoas que sentem muita dificuldade de assumir a responsabilidade por seus atos também "empacam" em sua maneira de ver os acontecimentos, achando que elas estão certas e o resto do mundo está errado. Isso acontece com a maioria das pessoas violentas e agressivas e também com aquelas que se vitimizam e se sentem eternamente prejudicadas ou perseguidas: "ela me provocou, por isso bati"; "eu não ataquei meu colega, apenas me defendi"; "ninguém me compreende"; "ele acha que sempre sou culpada de tudo o que acontece de errado". A pessoa "cabeça-dura" acha que os outros é que precisam mudar e não consegue ver como a rigidez de sua postura intensifica os conflitos e a impede de colaborar para que o relacionamento melhore.

Heloísa Primavera, especialista em administração pública e gerência social, sintetiza bem os pontos principais da mudança de paradigma na administração eficaz dos conflitos: em vez de enfatizar o conflito, valorizar e legitimar as diferenças; em vez de se preocupar em pesquisar culpas e justificar falhas, procurar a própria responsabilidade; em vez de se preocupar em descobrir "quem tem razão", procurar determinar "como poderemos obter melhores resultados"; em vez de focalizar problemas, construir projetos. *Podemos escolher para onde dirigir nosso olhar: nossa percepção tem um grande peso sobre nossas ações.* Com isso, segundo essa autora, é possível transitar da cultura burocrática (especializada em dar justificativas para o que não funciona bem) para a cultura gerencial (que produz resultados).

O bom conflito

O manejo eficaz dos conflitos depende, em grande parte, da capacidade de perceber os diferentes pontos de vista, de ouvir com atenção as histórias contadas a partir de diversos ângulos e de aprimorar a sensibilidade para ouvir as múltiplas vozes. Esse é o ponto de partida para construir, em conjunto, caminhos melhores.

Como surgem os conflitos destrutivos?

Na encruzilhada dos conflitos, encontramos aqueles que podem se constituir em oportunidades de mudança e crescimento e aqueles que deterioram relacionamentos. Quais os fatores que contribuem para que um conflito se torne destrutivo e, na escalada das dificuldades, venha a se tornar intratável? Como evitar que isso aconteça? Embora um conflito intratável seja de difícil resolução, há caminhos possíveis para, pelo menos, preservar um relacionamento respeitoso.

Inácio é considerado pelos vizinhos como uma pessoa de difícil convívio: mal cumprimenta as pessoas, insiste em fumar charuto no elevador, é grosseiro com os porteiros e costuma deixar o saco de lixo aberto, espalhando mau cheiro no corredor. A vizinha do andar de baixo está com problemas de infiltração em seu banheiro e há duas semanas tenta falar com Inácio, que, rispidamente, lhe diz que não tem nada a ver com isso e que não quer se incomodar com esse problema. Os vizinhos consideram Inácio um "sujeito intratável".

Segundo Louis Kriesberg, quando pessoas ou grupos acreditam que seus objetivos são incompatíveis entre si, nasce o conflito; cada um tenta impor sua vontade ao outro e isso conduz à escalada do conflito destrutivo; quando isso se acentua, o conflito torna-se intratável. *A maioria dos conflitos contém elementos construtivos e destrutivos e a proporção deles pode variar no desenrolar do conflito.*

A violência ocorre quando não se consegue transformar o conflito; a energia mobilizada é, então, usada de modo destrutivo. Os adversários narram os acontecimentos na perspectiva de "nós *versus* eles". O inimigo passa a ser o representante do mal: torna-se difícil perceber sua face humana.

Quando se está mergulhado na própria dor e nas próprias crenças, o conflito se intensifica e não há espaço para reconhecer o sofrimento do outro. Mas, quando os adversários reconhecem a existência de metas em comum, conseguem trabalhar juntos em cooperação. Por exemplo: no Fórum das Famílias, trabalha-se com mães palestinas e israelenses que perderam seus filhos em combates e ataques terroristas. Deixam de ser inimigas e passam a ser aliadas, compartilhando a dor da perda e trabalhando pela reconciliação entre os dois povos.

Um dos principais ingredientes da destrutividade é a *escalada do conflito*, que resulta do ciclo de provocações e reações hostis. O debate vai sendo progressivamente substituído por confrontações violentas com o objetivo de atingir o adversário, em vez de pesquisar os interesses subjacentes que possibilitariam a construção do acordo. As posições ficam cada vez mais extremadas e a disputa tratável vai se transformando gradualmente num conflito intratável, com os grupos adversários em pé de guerra.

Os ataques pessoais são combustíveis que intensificam a escalada do conflito. As pessoas atacadas reagem se defendendo ou retaliando, de modo muito mais intenso do que se o adversário mantivesse o foco no problema. A vergonha e o sentimento de humilhação também são combustíveis poderosos que alimentam conflitos, duelos e guerras.

Infelizmente, em muitas sociedades, as pessoas recorrem com mais facilidade ao uso da força para lidar com os conflitos, em vez de desenvolver habilidades que permitam uma saída construtiva para os impasses, tais como o poder da persuasão eficaz, do ativismo não-violento e da construção de consenso.

O que são e o que fazer com os conflitos intratáveis?

E o que fazer quando o conflito não tem solução? O mais importante é acreditar que, mesmo quando o conflito é intratável, é possível construir um relacionamento respeitoso.

Os conflitos intratáveis são resistentes à resolução, destrutivos, duradouros. Às vezes atravessam gerações resistindo aos esforços de resolução. Os exemplos comumente citados referem-se ao conflito Israel-Palestina, discussões sobre aborto ou direitos de homossexuais. A abordagem precisa ser multifacetada e de longo prazo. Os conflitos intratáveis têm efeitos nocivos, mas os adversários não conseguem sair deles, porque os custos de sair são maiores do que os de permanecer. *Os métodos de solução, que funcionam bem em outros tipos, são inoperantes quando o conflito atinge esse patamar.*

Porém, apesar de o conflito ser considerado intratável, é possível fazer com que ele seja menos destrutivo, mesmo que nunca se chegue a um acordo final satisfatório. Os adversários podem aprender a conviver com as diferenças com menos hostilidade e violência. Podem compreender as razões dessas diferenças, embora não seja possível resolvê-las. Quando se consegue criar um ambiente de escuta respeitosa, pessoas que apresentam posições radicalmente opostas conseguem ultrapassar a barreira dos estereótipos negativos e alcançar pelo menos um nível mínimo de compreensão. A empatia é um ingrediente poderoso na reversão da escalada do conflito, possibilitando perceber o outro sem perder a própria identidade.

Uma das táticas de transformação de conflitos é participar de projetos conjuntos que incluam pessoas que estão "do outro lado", com o firme propósito de procurar a área de interesse comum. Por exemplo, na questão do aborto, os grupos pró-vida e pró-escolha não vão mudar seus valores, mas o comportamento com as pessoas que pensam o contrário pode mudar, tornando-se mais respeitoso. Desse modo, o conflito pode continuar, mas torna-se menos destrutivo. *É perfeitamente possível discordar de alguém sem deixar de respeitá-lo.* Os dois grupos antagônicos podem até mesmo trabalhar juntos em programas eficazes de prevenção da gravidez indesejada. Outro exemplo é a discussão a favor ou contra as cotas raciais nas universidades: o ponto em comum é a melhoria da qualidade do ensino fundamental para todos.

É importante relembrar que a percepção influencia a ação: se as partes encaram o conflito como intratável, tenderão a agir de modo extremado, como os homens-bomba. Porém, se as pessoas conseguirem transformar o conflito destrutivo em construtivo, será possível encontrar uma saída, mesmo que não cheguem a um acordo satisfatório. Apesar disso, poderão aprender a viver com essas diferenças irreconciliáveis, com menos desconfiança, hostilidade ou violência; podem aprender a compreender as diferenças, mesmo que não concordem com elas.

É importante ressaltar que alguns conflitos, que eram considerados insolúveis e intratáveis, acabaram se resolvendo. É possível reverter a escalada dos conflitos, como mostram alguns episódios que aconteceram em diferentes regiões do mundo na década de 90: terminou a Guerra Fria entre Estados Unidos e União Soviética; terminou o Apartheid na África do Sul. Mas o caminho nem sempre é fácil, como mostra o conflito entre Israel e Palestina.

Há custos e benefícios no conflito intratável. Os custos são claros: morte, destruição, miséria, humilhação, raiva, medo, além do prejuízo da qualidade do relacionamento. Por outro lado, existem os beneficiados, como alguns líderes que insistem em dar prosseguimento ao conflito, mesmo quando há muitos prejudicados. Isso faz com que o conflito continue intratável, porque, para esses beneficiados, manter o conflito é melhor do que resolvê-lo. Gui e Heidi Burgess desenvolveram o método da *confrontação construtiva* para lidar com os conflitos intratáveis, reduzindo seu potencial de destrutividade: eles sugerem que os grupos envolvidos desistam do objetivo ideal de resolvê-los e se concentrem em criar alternativas para lidar com os conflitos de modo mais construtivo.

Reconhecendo que nem sempre é possível encontrar uma solução satisfatória para todas as partes envolvidas, esses autores comparam os processos do conflito destrutivo com as doenças que atacam nosso corpo (não só dos indivíduos, mas também de organizações e das sociedades): algumas podem ser curadas quando tratadas no início; com outras, só é possível um tratamento paliativo. Como na medicina, a prevenção é o melhor remédio. E, em muitos casos, o melhor que se pode conseguir é a transformação construtiva das relações conflituosas.

Nos conflitos intratáveis, em que os adversários estão empacados na desconfiança recíproca (ou nas respectivas posições), os mediadores e outros intermediários desempenham um papel essencial para facilitar as negociações. Louis Kriesberg sugere várias linhas de ação para que os mediadores facilitem a mudança do estilo da discussão. Por exemplo: "Não, de jeito nenhum!" dá margem à pergunta: "Então, qual a modificação que tornaria essa proposta aceitável?". Isso significa ir além de simplesmente rejeitar uma proposta e pensar no que poderia torná-la aceitável. Os mediadores, indo de um lado a outro, sabem o que cada lado quer, do que está disposto a abrir mão e o que não dá para modificar.

Pedir desculpas e perdoar são fundamentais no processo de longo prazo de solução de conflitos intratáveis. São ingredientes essenciais da reconciliação e da paz duradoura. Os violadores de direitos humanos devem assumir a responsabilidade por seus atos e pedir desculpas a partir de remorsos sinceros por ter feito mal às vítimas. As pessoas que foram feridas ou humilhadas anseiam por um pedido de desculpas. Isso é importante porque os conflitos intratáveis deixam marcas profundas nos sentimentos de medo, raiva, mágoa, tristeza, mesmo bem depois de terminada a luta.

Um pedido sincero de desculpas pode restaurar um relacionamento; no entanto, pedir desculpas de modo mecânico, apressado ou falso agrava o conflito. Por outro lado, perdoar não é esquecer, muito pelo contrário: perdoamos algo de que nos lembramos. Pedir desculpas é importante mesmo quando o ato violento foi praticado por indivíduos ou grupos de gerações anteriores; foi o que João Paulo II fez quando pediu perdão pelos pecados cometidos pela Igreja Católica ao longo da história. Aprender a perdoar é importante para manter em bom estado o tecido social e melhorar a saúde individual e coletiva. Não se apaga o passado, mas se muda o presente e o futuro.

No processo de reconciliação, os adversários procuram examinar e transitar pela dor resultante do conflito, encontrando maneiras de conviver, construindo uma relação de confiança e cooperação. Cada dor tem sua própria travessia, e algumas delas são particularmente longas e árduas. Há inúmeros exemplos de projetos conjuntos que promovem o convívio entre facções inimigas: times de futebol com hutus e tutsis no Burundi; escolas bilíngües para árabes e judeus, alfabetizados em ambos os idiomas; padarias nas Filipinas com empregados muçulmanos e cristãos. Esse trabalho conjunto estimula a reconciliação, a quebra dos estereótipos e a transformação do conflito, e pode, a partir da pequena área do projeto, estender-se para âmbitos maiores.

Como evitar que os conflitos se tornem intratáveis?

Clareza de comunicação, esforços sistemáticos para descobrir as áreas comuns nas divergências, visão sistêmica, recorrer à mediação e à arbitragem são medidas importantes na prevenção dos conflitos intratáveis, em famílias, escolas, empresas e comunidades. As ações feitas "sob medida" a partir de uma avaliação cuidadosa da situação são mais eficazes do que "receitas prontas" que funcionaram em outras circunstâncias, porque inspiram idéias inovadoras na área de gerenciamento de riscos.

Em 2003, uma gangue atacou a fábrica do Rum Santa Teresa, na Venezuela: os gerentes deram aos membros da gangue a escolha de ir para a prisão ou participar de um programa de três meses de treinamento para serem admitidos na empresa. O programa foi ampliado para membros de outras gangues, como preparação para o mundo do trabalho, e se refletiu na queda de 40% do índice de criminalidade na região, desmontando inteiramente algumas gangues. Com isso, a fábrica reduziu o risco e aumentou a segurança de modo muito mais eficaz do que as medidas convencionais.

Com ações de mudança positiva de contexto, as parcerias articuladas entre ONGs, empresas e os governos podem contribuir significativamente para a construção da cidadania e para a redução da violência nas famílias, nas escolas e nas comunidades. Foi o que aconteceu com os programas Comunidade Presente e Escola da Família, do governo de São Paulo. Com a decisão de abrir as escolas públicas nos finais de semana como centros de convivência para a comunidade, as equipes educacionais, devidamente capacitadas, e um grupo de voluntários passaram a coordenar atividades esportivas e culturais, oficinas de arte e qualificação para o trabalho. Com isso, houve uma expressiva redução dos índices de comportamentos violentos, tais como brigas de rua e depredação das escolas.

Em empresas familiares, a dificuldade de fazer a integração entre a relação familiar e a de trabalho pode resultar em conflitos intratáveis, que acabam colocando em risco a própria continuidade da empresa. É possível evitar a escalada do conflito antes que ele se torne intratável buscando um entendimento claro do que acontece nessa teia de relacionamentos, para que seja possível identificar e combater os principais focos dos problemas que, comumente, estão em antigas rivalidades entre os irmãos e na dificuldade de separar o papel de pai e o de presidente da empresa, assim como o de filho e o de profissional que ocupa um cargo executivo.

Ressentido com o pai que o desqualifica perante outros diretores da empresa, Ricardo pensou em se demitir e abrir um negócio próprio. Há também um relacionamento difícil com seu irmão, convidado pelo pai para assumir um "cargo decorativo" como vice-presidente – o que, segundo seu ponto de vista, serve para encobrir a incapacidade do irmão para exercer outras funções, já que não se preparou adequadamente para o mercado de trabalho. Sentindo-se preterido por ver o irmão como protegido, Ricardo perdeu o entusiasmo que inicialmente tivera quando assumiu o cargo; por outro lado, o irmão, percebendo que Ricardo é respeitado pelo pessoal da empresa em virtude da competência que demonstra em seu trabalho, sente-se desmotivado e pouco faz pela empresa, chegando tarde e tratando os colaboradores com rispidez. Os múltiplos níveis do conflito interpessoal resultaram em queda de produtividade da empresa, que começou a ficar deficitária. Foi preciso contratar um consultor especializado em empresas familiares para diagnosticar o problema e ajudar a formar consensos para melhorar a qualidade do relacionamento familiar, evitando que os conflitos se tornassem intratáveis e revertendo o prejuízo para os negócios.

Como atacar o problema sem atacar a pessoa?

Comumente, nos queixamos: "Ela me inferniza!", "Ele azeda o clima de qualquer reunião!". Mas, na verdade, o que nos incomoda são alguns comportamentos que consideramos problemáticos, não a totalidade da pessoa. Para resolver conflitos de modo mais eficaz, precisamos pensar: *o problema é o problema, não a pessoa.*

Isso acontece mesmo quando uma determinada pessoa, aparentemente, é a principal causadora de tumultos no ambiente familiar ou de trabalho. Por exemplo: uma escola municipal, sob nova direção, adotou o estilo de gestão participativa e, com isso, as decisões passaram a ser tomadas em consenso. Uma professora antiga, muito autoritária, com dificuldades de relacionamento, não coopera: "entra muda e sai calada". Mas, como é concursada, não pode ser dispensada. Constrangidos, muitos sentem medo dela; como tem alguns "aliados" que a defendem, o clima do grupo está ficando pesado, porque ela acaba fazendo o que acha certo, sem respeitar as decisões tomadas por consenso.

Qual o problema a ser atacado nesse caso? A dificuldade de fazer a transição para um novo modelo de gestão. Qualquer mudança institucional gera essa mistura de desejo de melhorar e medo de que a situação piore, se complique ou dê muito trabalho. A conduta resistente da professora expressa essa dificuldade: ela é a porta-voz do medo da mudança que, em maior ou menor grau, todos sentem. Grupos e organizações costumam rejeitar grandes mudanças que demandam transformações significativas na maneira de pensar e de agir, especialmente quando os modelos são impostos pela nova diretoria, sem que se faça o trabalho de amadurecer as propostas de mudança com a equipe.

A dificuldade de definir o problema a ser atacado e, conseqüentemente, centrar-se na busca de soluções faz com que famílias ou equipes de trabalho continuem "patinando em círculos", perpetuando queixas, reclamações e acusações recíprocas ("mais do mesmo") que pioram o clima do relacionamento e não resolvem o problema. Luiz Fernando, gerente de projetos de uma empresa, colocou em sua sala um cartaz: "Em vez de trazer reclamações, traga soluções". Ele enfatiza com sua equipe que só está disposto a conversar sobre o problema uma única vez: a partir daí, os esforços se concentram sobre as soluções possíveis.

Ao tentar responder à pergunta: "Qual é o problema que precisa ser atacado?" é preciso ter habilidade para separar as pessoas do problema. Como diz William Ury, consultor sobre Negociação, isso significa ser gentil com as pessoas e duro com o problema. Em outras palavras, *aprender a atacar o problema sem atacar as pessoas*. Quando as pessoas gastam muita energia se atacando, a briga se torna interminável e o problema que elas querem resolver fica sem solução.

Em reuniões de condomínio, comumente os ânimos se exaltam e as pessoas se atacam, em vez de concentrarem seus esforços para descobrir o que fazer com relação às áreas comuns e possíveis danos (elevadores rabiscados, carros mal estacionados que invadem a área de outros, som alto demais, saco de lixo aberto no corredor).

Dentro de casa, o espaço coletivo é fonte de conflitos em que pessoas se atacam em vez de atacar o problema. Por exemplo: quatro pessoas precisam usar o banheiro da casa de manhã cedo, antes de sair para a escola ou para o trabalho. Com freqüência, tentam "resolver" o problema socando a porta do banheiro ou xingando quem está demorando a sair. Mas o problema é: como quatro pessoas podem se revezar para usar o banheiro de manhã cedo? O foco no ataque ao problema pode gerar soluções mais eficientes.

Na esfera governamental, há uma infinidade de exemplos em que as autoridades se atacam e não resolvem os problemas que afligem a população. No combate ao mosquito transmissor de dengue, diante do incrível aumento dos casos de pessoas infectadas, assistimos a discussões intermináveis para determinar o culpado pela ineficiência das ações. Quem é o principal responsável: o prefeito, o governador ou o presidente? Afinal, o mosquito é municipal, estadual ou federal? Enquanto isso, o número de pessoas com dengue continua aumentando. O mesmo acontece com o despejo de esgoto: a Companhia de Água e Esgotos e a prefeitura trocam acusações e a contaminação continua fazendo estragos. Mais do mesmo nas campanhas eleitorais: para conquistar votos, muitos candidatos atacam os adversários, em vez de apresentar seus projetos de governo.

No entanto, quando há um esforço sincero para deixar vaidades, rivalidades e interesses pessoais em segundo plano, é possível construir uma estratégia suprapartidária para atacar problemas maiores que afligem a todos, tais como a (in)segurança pública. Por exemplo, quando governadores de diferentes partidos se unem para traçar um plano de ação coordenada com o objetivo de reduzir os índices de criminalidade, a população consegue ver alguma luz no fim do túnel e renovar as esperanças de exercer o direito de ir e vir com mais tranqüilidade.

Mas nem tudo são espinhos: há também parcerias eficientes entre os poderes, o terceiro setor e empresas conscientes de sua responsabilidade social. Quando esses esforços se somam, aumenta a possibilidade de construir acordos que transcendem as divergências pessoais: prefeito e governador que são adversários ferrenhos podem se unir para atender o objetivo de trabalhar bem (ou, do lado menos bonito, formar alianças convenientes para seus interesses pessoais).

Na área de família, também há possibilidades de passar do ataque recíproco ao ataque dos problemas em comum. Por exemplo: o casal que antes se amava e, depois da separação, passou a se odiar, tenta superar suas divergências para construir consensos quanto à criação dos filhos.

Ações simples podem facilitar o processo de separar as pessoas do problema: sentar lado a lado, diante de um quadro em que se escreve o problema, facilita a percepção de "nós contra ele" em vez de "eu contra você". Dessa forma, as pessoas conseguem deixar de ser adversárias para se tornarem sócias do problema a ser atacado.

Gandhi considerava seus oponentes como parceiros na busca de saídas justas para as disputas, e não como inimigos a serem humilhados ou derrotados.

A escuta respeitosa é um magnífico recurso de comunicação, porque permite ir mais fundo no "iceberg" do conflito. Considera-se que 50% do processo de resolver conflitos depende da escuta. A partir daí, é possível compreender, expressar sentimentos, ter empatia. William Ury sugere que, no papel de negociadores, conciliadores ou mediadores, para ir "além das aparências" no conflito, é preciso:

- ✗ Pesquisar os interesses subjacentes (necessidade de segurança, de reconhecimento; os valores não são negociáveis, porém não costumam ser incompatíveis entre as partes).

✗ Focalizar os interesses e não as posições (o que as pessoas dizem que querem, e isso é negociável).

✗ Transformar adversários em aliados ("sócios do problema").

✗ Concentrar-se em criar alternativas (opções).

✗ Construir o acordo.

O importante é perceber que, por mais que o relacionamento esteja complicado, é essencial que os adversários encarem o problema como uma tarefa a ser enfrentada em conjunto.

E o que de melhor pode acontecer com Regina e Marcelo, Leonardo e seus pais, Luiz Carlos e Jerônimo?

No "circuito interativo", o que um faz influencia o que o outro faz e vice-versa: quanto mais Regina se responsabiliza pelas contas, mais Marcelo se sente livre para gastar no que lhe dá prazer. Desse modo, estabelecem um círculo vicioso, em que o problema se cristaliza nas brigas intermináveis. Talvez essas brigas estejam preenchendo outras necessidades que não estão muito aparentes (um jogo de mãe e filho ou o medo de ter uma relação afetiva mais íntima); mas, se não for o caso, outros tipos de acordo poderão ser mais eficientes, como, por exemplo, o compromisso de colocar parte do dinheiro de ambos num "caixa único" destinado a pagar os gastos fixos, progra-

De onde surgem os conflitos?

mar uma poupança compulsória para os gastos variáveis e "aproveitar a vida" com o que sobrar.

Há pais que pensam que fazer tudo o que o filho deseja é a melhor maneira de educá-lo. Têm dificuldades de perceber o valor de desenvolver na criança a habilidade de lidar com conflitos desde cedo, inclusive para conseguir "transformar pessoas chatas em interessantes", superando as dificuldades de convívio. No caso de Leonardo, a equipe escolar promoveu ações nesse sentido, porém essa era apenas uma parte do problema. A outra era vencer a resistência dos pais para perceber a necessidade do filho em aprender a construir "acordos de convívio" com os colegas "chatos". As perguntas reflexivas são instrumentos preciosos para convidar as pessoas a pensarem mais a fundo e rever suas posições. Se a diretora examinasse com os pais de Leonardo como eles pensam em estimular no filho a capacidade de resolver conflitos, como imaginam que o menino se comportaria encontrando situações semelhantes em outra escola, juntamente com outras ações para motivar os pais a serem parceiros das ações escolares, talvez Leonardo encontrasse condições de desenvolver melhor sua "inteligência de relacionamento".

Integrar o relacionamento familiar com o trabalho nas empresas familiares é um grande desafio. As visões e as experiências de diferentes gerações muitas vezes se chocam; o filho sente que precisa se afirmar como adulto e profissional competente e, nesse processo, pode querer "jogar fora o bebê junto com a água do banho", criticando o que o pai empreendedor fez porque nem tudo coincide com o que aprendeu nos livros, com dificuldade de reconhecer o que foi e ainda é válido; por outro lado, o pai que abriu o caminho pode estar com dificuldades de se atualizar e até mesmo de acompanhar a rápida mudança de cenários e se aferra a métodos que deram certo no passado, porém, deixaram de ser o melhor que pode ser feito na atual conjuntura. A necessidade de rever posições, a abertura para aprender com o filho e, juntos, se dedicarem ao objetivo comum (preservar a continuidade da empresa e torná-la melhor do que já é) poderão estimular mudanças essenciais. Por parte de Jerônimo, o reconhecimento do valor do pai na história da empresa até os dias atuais e, por parte de Luiz Carlos, a valorização do empenho do filho em contribuir positivamente para o negócio, juntamente com a humildade de permanecer um eterno aprendiz, ajudaram os dois a superar a armadilha das críticas demolidoras e a construir uma parceria eficiente para o bem da empresa.

Conflito pode ser bom?

— *Como é que conflito pode ser bom?*
— *Quando conseguimos atacar o problema sem atacar as pessoas.*

✗ Tiago e Lucas vivem disputando o primeiro lugar: quem entra primeiro no elevador para apertar o botão, quem se apodera do controle remoto da televisão, quem faz mais pontos no *videogame*. Ficam se xingando, batem um no outro, fazem ameaças aos berros, até que os pais perdem a paciência e os colocam de castigo.

✗ Para melhorar os problemas de indisciplina e de condutas agressivas entre os alunos de sua turma, Márcia expôs o problema e ouviu o que os alunos tinham a dizer a respeito. Acabaram fazendo um "combinado" em que todos participaram elaborando as "leis da turma" e as conseqüências a serem aplicadas naqueles que não cumprissem o combinado.

✗ Padre Murilo, pároco em um bairro com muitos problemas de violência nas ruas, estava preocupado com o esvaziamento da igreja nos horários noturnos das missas. Disposto a não aceitar os velhos argumentos de jogar a culpa em terceiros, tomou a iniciativa de articular as lideranças da comunidade para aumentar a segurança da área. Em poucos anos, era nítida a redução da violência, com destaque para a eficácia da polícia comunitária, um dos pilares do projeto formulado pela parceria feita entre as várias entidades que se dispuseram a atacar o problema que incomodava a todos.

Que necessidades alimentam as brigas crônicas entre Tiago e Lucas? Como Márcia conseguiu melhorar o convívio em sala de aula? Que iniciativas foram fundamentais para que o padre Murilo articulasse a rede de parcerias que reduziu a violência no bairro?

A encruzilhada dos conflitos

As pessoas diferem em personalidades, preferências, valores, desejos, necessidades, percepções. Em alguns momentos, entram em choque e até "batem de frente". Porém, diferenças e discordâncias nem sempre são sinônimos de incompatibilidade.

Quando pedimos às pessoas que digam a primeira associação diante da palavra "conflito" surgem muitas idéias negativas: conflito é guerra, confusão, tumulto, desordem, disputa, briga, discórdia, desentendimento. Poucas pessoas associam a palavra "conflito" com oportunidade de mudança, mediação, crescimento, descoberta, reconhecimento de diferenças, aprendizagem.

Nem mesmo no dicionário encontramos associações positivas: no Houaiss, "conflito" é sinônimo de "profunda falta de entendimento entre duas ou mais partes; choque, enfrentamento; discussão acalorada; altercação".

"O bom conflito" é uma idéia estranha para a maioria. No entanto, é possível considerar o conflito até mesmo como necessário para o funcionamento saudável de grupos sociais, porque oferece oportunidades de encontrar caminhos construtivos para equilibrar a satisfação das necessidades das várias partes envolvidas.

Como já mencionado no capítulo anterior, o conflito ocorre quando as duas partes acham que suas necessidades não podem ser satisfeitas simultaneamente. No entanto, o conflito não é algo necessariamente ruim. O que define o conflito como destrutivo ou construtivo é a nossa maneira de lidar com ele.

O conflito pode resultar em brigas crônicas e em escalada da violência; por outro lado, pode ser terra fértil para criar boas opções. Daí a encruzilhada e o desafio: como desenvolver habilidades para transformar conflitos potencialmente destrutivos em caminhos construtivos para harmonizar diferenças e criar soluções satisfatórias para todos?

A crise constitui outra encruzilhada que encontramos em alguns pontos da nossa estrada da vida. O ideograma chinês correspondente à crise significa risco e oportunidade. *Tal como acontece com os conflitos, as crises que enfrentamos não são, em si, boas nem ruins: tudo depende de nossa maneira de lidar com elas.* O risco é nos afundarmos no desespero, na desesperança, no abandono da fé e achar que não temos saída, que nossa vida vai ficar cada vez pior. A oportunidade é encarar o desafio da crise como caminho de crescimento, buscar nossas reservas de força interior, procurar ajuda, fortalecer a fé, cultivar a esperança e organizar nossas ações para encontrar um caminho de saída que nos conduza a uma situação melhor.

O que perdemos e o que conquistamos? No auge da crise (e do conflito), sentimos mais intensamente as perdas; mas, no caminho, podemos perceber os ganhos, descobrir possibilidades, rever decisões anteriores. Conflitos e crises são desencadeados por diversos fatores: pode ser um acontecimento inesperado ao qual precisamos nos adaptar (desemprego, acidentes, doenças graves, descoberta de uma traição, morte de pessoas queridas); pode ser uma crise institucional (como o término de um projeto, demissão em massa) que afeta a equipe de trabalho, as famílias dessas pessoas, as famílias atendidas e os demais projetos da instituição; pode ser uma crise desencadeada por uma decisão pessoal de mudança (como o término de um casamento ou o abandono do emprego para abrir uma microempresa).

Em todos esses casos, as mudanças são inevitáveis, os sentimentos se mesclam (medo, esperança, ansiedade, entre outros). Crises e conflitos resultam no rompimento do equilíbrio estabelecido e apontam para a necessidade de buscar uma nova ordem. As crises revelam nossas fragilidades e nossas forças: a rede de apoio é essencial para ajudar na travessia da crise. Assim como as pessoas, as crises e os conflitos são multifacetados.

Tanto nas crises como nos conflitos, nem sempre é a vida ou as outras pessoas que nos apresentam situações difíceis para enfrentar. Nossas complicações emocionais e, em especial, a tendência à auto-sabotagem, acabam criando crises e conflitos que complicam nossa vida, provocando sofrimento para nós mesmos e para os que lidam conosco, seja na família, na vizinhança ou no ambiente de trabalho. É importante procurar aprofundar o autoconhecimento e a autopercepção para evitar cair nessa armadilha de fazer gol contra nós mesmos trilhando o caminho da construção da infelicidade.

Os filhos de Marta já são adultos, mas ainda não saíram de casa. Ela se queixa de não ter intimidade com o marido; no entanto, dormem com a porta do quarto aberta e não viajam por medo de os filhos fazerem "besteiras" dentro de casa. A crise de insatisfação de Marta é construída por ela própria, ao cercear desnecessariamente sua liberdade.

Os conflitos internos ligados ao dilema "crescer ou não crescer" envolvem pais e filhos em brigas incessantes. Mateus, um jovem de 18 anos, mora com os pais. Só quer se divertir e não admite controle nem cobrança: acha que não deve satisfações a quem quer que seja, porém, nada faz para batalhar pelo seu próprio sustento. Seu conflito interno entre ser menino e ser homem é intensificado pelos pais, que lhe dão muito dinheiro para se divertir e poucas conseqüências para os deveres não cumpridos.

O bom conflito

As mensagens contraditórias, entre o que é dito e o que é feito, mostram o conflito interior entre desejos opostos e se expressam por conflitos de relacionamento, deixando as pessoas confusas e descontentes. Sérgio já passou dos setenta e é o presidente da empresa que ele iniciou há quarenta anos, na qual seus cinco filhos trabalham: diz que quer fazer a transição da sucessão, mas é ele quem tem voz de comando e resiste em descentralizar o poder. Diz que está exausto, mas nunca tira férias: é o primeiro a chegar e o último a sair da empresa e todas as decisões passam por ele. Seus filhos, embora ocupem cargos estratégicos, estão insatisfeitos com o "pai patrão" porque, apesar do preparo e da experiência, sentem-se desqualificados e sem autonomia.

Embora muitos conflitos provoquem efeitos negativos nos relacionamentos, é preciso reconhecer a existência de aspectos benéficos. O conflito pode estimular mudanças significativas, evitando a acomodação e o conformismo. Incentiva a busca de soluções criativas e estratégias inovadoras para abordar a situação difícil e combate a recusa de enxergar o que não está bem. É o que acontece comumente entre adolescentes e seus pais que acham difícil vê-los crescer. É o que também acontece em muitos casamentos: crises e conflitos que permanecem latentes ("esconder a sujeira debaixo do tapete") acabam intensificando os problemas ou gerando insatisfação crônica.

Portanto, o conflito é normal nas relações humanas e é um motor de mudanças. É por meio dos conflitos que inovamos. E a paz é uma contínua evolução da qualidade do relacionamento. No entanto, *o conflito só é aproveitado como oportunidade de crescimento quando conseguimos administrar diferenças, diversidade, complexidade e ambigüidade.* Ou seja, quando conseguimos utilizar positivamente a energia do caos.

Para aproveitar o potencial positivo do conflito, é essencial descobrir o que existe em comum apesar das divergências, indo além das posições nas quais as pessoas empacam (o que dizem que querem) para descobrir os interesses (o que realmente querem).

O uso e o abuso do poder

Numa empresa familiar, Marcela, uma das filhas da dona, ocupa um cargo gerencial. Demonstra preferência por alguns funcionários e atitudes despóticas com relação a outros, ameaçando-os e perseguindo-os, em clara demonstração de abuso de poder. Os funcionários temem levar o problema à dona da empresa, pelo fato de ser a mãe de Marcela.

O que revela a situação descrita acima? Que o poder pode ser dimensionado pelo acesso aos recursos de conhecimento, das redes de relacionamentos, de comunicação e da possibilidade de distribuir punições e recompensas. Utilizamos o poder para obter o que desejamos.

O poder é a capacidade de influenciar o comportamento. Na visão tradicional, ter poder é ser capaz de derrotar o outro: é o modelo da guerra, com vencedores e perdedores. Para muitas pessoas, o poder é símbolo de "status": sentem um prazer especial quando se percebem acima da maioria dos "plebeus". Dificilmente percebem o poder como representando maior responsabilidade.

Na abordagem ganhar–perder, cada parte procura forçar a outra a aceitar a solução imposta pelo uso do poder: greves, sabotagens, incêndios criminosos, ameaças de sanções e embargos econômicos. O uso desse poder cria ressentimento e atitudes desfavoráveis. Quanto mais se usa o poder pela imposição de força, mais se dificulta a solução do conflito pela colaboração.

No modelo atual, compatível com a noção de "bom conflito", poder é a capacidade de gerar soluções em colaboração: meu poder aumenta na medida em que o poder dos outros aumenta também. Considera-se que, no mundo globalizado, os vencedores serão os que têm mais capacidade de colaborar. Isso é muito claro no ambiente de trabalho: na organização piramidal, a hierarquia é mais rígida, favorecendo o exercício do "poder sobre"; por outro lado, na organização em rede, não há um chefe, apenas um fomentador que conduz o processo em alguns momentos, criando uma horizontalidade em que predomina o "poder com".

Quando a direção da Algar adotou um novo modelo de gestão, denominada "empresa-rede", deixou para trás a "estrutura piramidal" constituída por chefes e subordinados e tratou de trabalhar a transição da "cultura do emprego" para a "cultura do comprometimento". Os funcionários passaram a ser considerados como "associados", dominando as atividades e preocupados com a perenidade da empresa, numa relação de parceria para cumprir a missão da organização, e o antigo setor de recursos humanos passou a tratar de "talentos humanos", que são estimulados a formular idéias inovadoras que contribuam para o crescimento da empresa e para o bem-estar no ambiente de trabalho. Com isso, na passagem do "poder sobre" para o "poder com", supera-se o conflito de interesses entre empregador-empregado, porque os resultados da empresa trarão benefícios para todos.

Na abordagem ganhar-ganhar, as pessoas envolvidas no conflito tentam entender os respectivos pontos de vista e necessidades e se dispõem a mudar de posição para satisfazer ambos os lados; o poder e a influência são utilizados para resolver o conflito de modo benéfico para ambos. Esse uso do poder cria atitudes favoráveis.

Considera-se que existem três formas de poder social: coerção (ameaça, sanções, embargos), troca (reciprocidade, dar e receber, barganha) e integração (cooperação). Kenneth Boulding, sociólogo, refere-se a esses usos do poder como "poder sobre, poder para e poder com": as pessoas em conflito costumam utilizar um misto desses três modos de poder. Convém também ressaltar que o poder real nem sempre coincide com o poder percebido pelo outro.

O poder é a capacidade de conseguir o que se quer. Há o poder destrutivo e o poder produtivo (de fazer e criar); o poder integrativo é o poder de unir as pessoas (como acontece nas relações em que predominam o amor e o respeito). O poder destrutivo também pode ser positivo: por exemplo, quando um cirurgião destrói um tumor. Jesus, Maomé e Buda exerceram grande poder integrativo, sem nenhum poder econômico nem poder destrutivo.

O bom conflito

Esse é o poder mais complexo, que contém elementos de persuasão e colaboração, conceitos que nem sempre são considerados como fontes de poder. Kenneth Boulding acredita que o amor (ou o respeito) como o principal ingrediente do poder integrativo.

Klaus Schwab, fundador do Fórum Econômico Mundial, fala sobre as mudanças da equação do poder, que está cada vez mais espalhado e difícil de controlar, num mundo que atingiu um alto nível de conectividade que possibilitou a formação de uma comunidade global, na transição das estruturas verticais (comando e controle) para as redes horizontais (equipes que trabalham em colaboração em diferentes partes do mundo e as comunidades sociais). Para ele, o grande desafio é como reinventar nossas relações sociais e de poder nesse ambiente horizontal que demanda mais solidariedade e cuidado com a coletividade.

A utilidade da visão sistêmica

O todo é mais do que a soma das partes. Para entender a complexidade dos conflitos, a noção de sistema é fundamental. Pode-se definir sistema como um conjunto de elementos interligados que forma um todo, em que as características dos elementos contribuem para o que acontece nesse todo. A palavra "sistema" é freqüentemente utilizada para descrever a complexa interação entre processos econômicos, sociais e econômicos. É também utilizada para tentar compreender tudo aquilo que não é simples. Por exemplo, o corpo humano é um sistema complexo composto por uma infinidade de células com funções diversas. As cidades e os computadores também são sistemas complexos.

No mundo em que vivemos, a questão da segurança tornou-se prioritária. E segurança também precisa ser pensada como um sistema de contramedidas individuais que interagem entre si, como mostra Bruce Schneier, tecnólogo especializado em segurança, em seu livro *Beyond fear*. Para complicar um pouco mais, a segurança é um sistema que interage com outros, formando um sistema maior, de complexidade crescente.

A visão sistêmica (também conhecida como visão do todo ou visão holística) é muito útil para desenvolver nossa sensibilidade para captar a complexidade dos conflitos, especialmente os que envolvem múltiplas partes. É um olhar sobre o campo total, procurando compreender as histórias sobre os mesmos fatos, contadas por cada um: de certo modo, todas as histórias são verdadeiras, porque cada um percebe os fatos a partir de sua perspectiva. A visão sistêmica supõe a causalidade circular, e não a linear (causa e efeito), enfatizando a interdependência de todos com todos e de tudo com tudo. *Em palavras simples: o que eu faço influencia o que você faz e vice-versa.*

Com a tendência de expansão da responsabilidade social corporativa, a busca do lucro financeiro passou a ser considerada um objetivo limitado: é preciso também cuidar do balanço social da empresa e avaliar seu impacto na sociedade e no meio ambiente. Com isso, a visão sistêmica na gestão de conflitos precisa orientar-se pelo entendimento da complexidade de necessidades e interesses de múltiplas partes: a empresa, os funcionários e seus familiares, fornecedores e parceiros, acionistas, sociedade/comunidades, meio ambiente.

A própria definição de governança corporativa supõe a visão sistêmica: é o esforço conjunto de atender satisfatoriamente os interesses de donos, investidores, funcionários e clientes, de modo que o bem comum prevaleça sobre os interesses de pessoas ou grupos. Só assim a organização pode crescer. A motivação e, conseqüentemente, a produtividade dos trabalhadores de uma empresa aumentam quando eles conseguem perceber com clareza a importância de cada um no funcionamento da organização.

O conceito de satisfação do cliente não pode ficar restrito ao setor de atendimento, mas precisa ser um tema que envolve toda a empresa. O conceito de "foco no cliente" precisa estar dentro da visão sistêmica, e deve ser trabalhado na empresa como um todo. Caso contrário, o dinheiro investido apenas no setor de atendimento não resultará necessariamente em melhoria da qualidade do serviço. É preciso levar em consideração o campo total, olhar os fatos a partir do ponto de vista de cada um. Também nesse sentido, todas as histórias são verdadeiras, compondo um mosaico de fragmentos captados da totalidade.

Seria maravilhoso que, entre os políticos de diferentes partidos, predominasse a visão sistêmica, para que o interesse em estimular o desenvolvimento do país pudesse estar acima da "fogueira das vaidades" e dos interesses particulares...

Conflito pode ser bom?

É importante ter a visão sistêmica da nossa própria vida: o que fazemos nas diferentes áreas de atuação (família, trabalho, amigos, participação no coletivo), como nos alimentamos, como administramos nosso tempo: tudo está interconectado e é interdependente.

Como mostra o administrador e consultor Oscar Motomura, na atual realidade do mundo, não cabe mais a imagem da organização como máquina (consertar, mudar peças de lugar, mexer nas engrenagens); na visão sistêmica, a empresa é vista como um organismo vivo, com componentes interdependentes (e não como peças inanimadas de um grande mecanismo), fazendo parte de um todo maior.

Na visão sistêmica, o todo é a prioridade. O novo paradigma, proveniente do pensamento sistêmico, define o mundo como uma rede de fenômenos interconectados e interdependentes. Reflete-se também na visão das organizações: focalizar menos os produtos (carro, petróleo) e mais os benefícios que proporcionam para a sociedade (mobilidade, uso de energia). Ou seja, é preciso deixar de olhar para compartimentos estanques e aprofundar o entendimento da interconexão. No fim das contas, a adoção do pensamento sistêmico inspira uma nova forma de gerenciar: esse é o foco dos treinamentos de executivos organizados pela Amaná Key, centro de excelência em gestão, em São Paulo.

Ações simples por parte das empresas podem prestar enorme contribuição à coletividade, levando em consideração o contexto em que vivemos. Por exemplo: os hotéis que estimulam os hóspedes a reutilizar as toalhas de banho, oferecendo informações básicas sobre a escassez de água no mundo, prestam um serviço importante para evitar conflitos ambientais.

No início de 2007, o Painel Intergovernamental sobre Mudanças Climáticas (IPCC, em inglês), que contou com a participação de mais de 2.500 pesquisadores de 130 países, apresentou um relatório exaustivo mostrando que os efeitos do aquecimento global devem-se principalmente à ação humana, que está acelerando a mudança climática de modo catastrófico. Em poucas palavras: a teia da vida é um sistema complexo, do qual a espécie humana faz parte. Não dá mais para pensar em termos individualistas ("cuido do meu e o resto que se dane"), nem colocar a ganância e o consumismo em primeiro plano: a revolução da consciência precisa acontecer de modo generalizado e urgente, pensando na contribuição que cada um de nós, dentro das respectivas áreas de influência, pode oferecer para reverter o grande estrago causado pelo conflito entre nossos interesses individuais e as necessidades da sobrevivência coletiva.

Esse enfoque precisa ser cada vez mais aprofundado também nas escolas. A reflexão sobre o consumo consciente e sustentável é parte integrante da educação ambiental, tema a ser continuamente trabalhado nas salas de aula: quando as crianças, desde pequenas, desenvolvem o pensamento sistêmico, aprendem a levar em consideração não só seus desejos, mas também sua responsabilidade com o coletivo, evitando o consumismo e o desperdício.

A complexidade dos conflitos

O sociólogo americano John Paul Lederach utiliza a metáfora dos óculos multifocais para dizer que precisamos de lentes integradas numa única armação para entender as diferentes camadas do conflito: ver o problema imediato, a complexidade de sentimentos subjacentes ao problema e vislumbrar o futuro do relacionamento ao olhar o conflito não como um problema que necessita de uma solução, mas como uma oportunidade de crescimento e transformação de pessoas e relacionamentos. *Conflito e mudanças fazem parte da normalidade da vida humana.*

A complexidade do conflito envolve a dificuldade de conseguir um consenso com as diversas pessoas sobre a definição do problema: cada uma vê a situação de um ângulo, há visões diferentes e até mesmo conflitantes, não só sobre a definição do que é o problema, como também da maneira de resolvê-lo. Por isso, é tão importante que cada um escute respeitosamente o outro. O mediador, ao escutar as diferentes visões, vai, juntamente com as pessoas que atende, construindo uma nova definição do problema a partir dessas diversas visões e definindo a área em comum sobre a qual se centrará a busca de opções. *A construção do consenso é, essencialmente, a mediação de conflitos que envolvem múltiplas partes.*

Freqüentemente, lidamos com *conflitos que envolvem múltiplas partes,* ou seja, em que há vários atores envolvidos (dez, vinte, pode até chegar a cem...). Nas famílias constituídas a partir de novas uniões de pessoas divorciadas (em que há filhos de um, de outro e de ambos), esses conflitos complexos são comuns (por exemplo, ciúmes e rivalidade entre filhos moradores e filhos visitantes, entre "irmãos de convívio" e "irmãos de sangue", entre os cônjuges atuais e os ex-cônjuges).

Os conflitos ambientais também refletem interesses contraditórios entre comunidades, indústrias poluidoras, governos, ONGs de defesa do meio ambiente. Por exemplo: uma comunidade descobre que a água está sendo poluída pelos dejetos de uma fábrica; os líderes reclamam, mas nada conseguem. Quais as alternativas para tentar resolver o problema? Entrar com uma ação contra a fábrica; procurar a agência reguladora; fazer lobby para endurecer as sanções contra indústrias poluidoras; procurar a mídia para conscientizar a população sobre o problema e fazer pressão. É preciso avaliar cuidadosamente as alternativas para ver qual é a melhor, em termos de viabilidade, tempo e custos.

Outros exemplos: a construção de consenso internacional sobre os limites do uso dos CFC (clorofluorcarbonetos) para proteger a camada de ozônio. Quais os argumentos dos que defendem o progresso e o desenvolvimento econômico? O que dizem os ambientalistas? E as outras vozes dissonantes, representando outros grupos e outros interesses? No caso da construção de uma represa que fez submergir uma cidade inteira, que posteriormente foi reconstruída em outro lugar, também houve múltiplos interesses em jogo: como a população foi afetada por essa decisão? O que disseram os ambientalistas e os que defenderam o progresso da região?

Para lidar com conflitos que envolvem múltiplas partes, não podemos perder de vista a complexidade, porque cada parte poderá estar lutando para defender seus próprios interesses e pouco disposta a usar uma abordagem integrativa, para obter ganhos para todos os envolvidos. Algumas partes podem tentar formar alianças para ficar com mais poder: esse é um jogo muito comum na política.

Para lidar com conflitos complexos, John Paul Lederach considera necessário desenvolver as seguintes habilidades:

- ✗ Considerar o problema apresentado como uma janela (sem a tentação de descobrir soluções rápidas). Como podemos ver o que está além da janela? O que está além da situação do momento? Como diferenciar entre o conteúdo e o contexto do conflito?

- ✗ Integrar múltiplos enquadramentos (*frames*) temporais, criando estratégias que integram as respostas de curto prazo com mudanças de longo prazo.

- ✗ Colocar as energias do conflito como dilemas, passando de "ou isso ou aquilo" para "isso e aquilo", reconhecendo a legitimidade de metas e energias diferentes, porém não incompatíveis. Isso é essencial para desenvolver processos integrativos. Na perspectiva da transformação do conflito, precisamos aceitar contradições e paradoxos inerentes à complexidade.

- ✗ Considerar a complexidade como aliada, e não como inimiga, aprendendo a lidar com a multiplicidade e a simultaneidade, a ambigüidade e a incerteza.

Descobrindo a área em comum nas divergências

Quando um casal se separa, a incompatibilidade se ressalta; no entanto, quando há filhos, mesmo quando estão brigando e discordando desesperadamente, há uma área comum de interesse: ambos querem o melhor para os filhos. Certamente, cada um terá sua própria definição do que é melhor para as crianças – faz parte do papel do mediador ajudar os ex-cônjuges a se concentrar nessa área em comum para que eles possam se separar como marido e mulher, porém, mantendo uma boa sociedade parental.

O grande segredo da resolução de conflitos é a habilidade de enxergar além das divergências para encontrar as semelhanças e investir esforços para expandir essa área em comum.

Gisela e Armando estão se desentendendo: absorvido pelo computador, ele está dormindo e acordando muito tarde, e ela fica furiosa, querendo que ele acorde cedo para ficar mais com os filhos e render melhor no trabalho. Ele defende com unhas e dentes seu direito de dormir e acordar quando quiser porque faz seu horário, como profissional liberal. Mas, por outro lado, também está interessado em equacionar melhor a vida familiar e o trabalho. Como os dois querem a mesma coisa, apesar das divergências, a questão que se coloca é: como podem se desempenhar melhor no que ambos querem, dentro dos respectivos relógios biológicos?

No entanto, mesmo quando há objetivos em comum, podemos encontrar dificuldades. É o que acontece em muitos episódios da parceria entre família e escola: embora tenham como objetivo contribuir para que as crianças se desenvolvam como pessoas de bem, as discordâncias do tipo "meu filho está com problemas com colegas de turma, quero trocá-lo para outra turma" e "não vamos trocá-lo de turma, queremos que ele desenvolva habilidades de resolver as diferenças com os colegas" podem criar um impasse que termina em ruptura, os pais matriculando o filho em outra escola.

Na maioria dos conflitos, os interesses são compatíveis, mesmo quando as posições não são. Quando focalizamos os interesses em comum, torna-se mais fácil encontrar soluções que satisfaçam a ambas as partes.

Nos diferentes setores de uma empresa, há um interesse comum: de que a empresa esteja em boa situação (até mesmo para garantir o emprego de todos). No entanto, freqüentemente surgem divergências. Por exemplo: numa agência de publicidade, o responsável pelo atendimento precisa mediar conflitos entre os clientes da agência e o responsável pelo setor de criação: atender o gosto do cliente (que às vezes quer alterar cores e formas, com as quais o pessoal da criação não concorda), porém sem perder a qualidade do trabalho da agência.

Numa empresa familiar que está tratando de realizar a transição da sucessão, todos querem consolidar e preservar a empresa para as gerações futuras, mas divergem quanto aos caminhos pelos quais esse objetivo seria alcançado. Ou seja: pode haver concordância com relação ao lugar a que se quer chegar, mas grandes divergências com relação ao caminho que cada um acredita ser melhor para chegar ao lugar que todos desejam.

O objetivo do negociador e do terceiro facilitador não é fazer com que uma das partes vença com sua posição: é atender os interesses de ambas as partes. Por isso, é fundamental diferenciar entre posição e interesse. Ao captar os interesses subjacentes, fica mais fácil mudar as posições, abrindo caminho para a formulação de novas opções. A rigidez das posições limita a criação de opções, cria ressentimentos que podem durar anos a fio e intensifica o conflito. Por mais incrível que pareça, por trás de posições opostas, há mais interesses em comum do que conflitantes.

Há temas polêmicos que suscitam posições radicalmente opostas, com membros de um grupo atacando implacavelmente os adversários, como acontece nos debates sobre a legalização do aborto, os direitos dos homossexuais, a política das cotas, o manejo das florestas. Na década de 80, nos Estados Unidos, um grupo de terapeutas familiares desenvolveu o Projeto de Conversação Pública (PCP), aplicando técnicas do trabalho com famílias em situações de impasse em questões de interesse público. Em vez do debate em que as pessoas defendem com unhas e dentes suas posições e atacam os adversários, procura-se estimular o diálogo e a escuta respeitosa, que possibilita a compreensão dos diferentes pontos de vista. Portanto, o PCP desenvolve modelos para facilitar o diálogo em questões políticas controversas.

Nessa metodologia, os participantes são estimulados a expressar de modo mais pessoal o que os faz acreditar na visão que defendem, quais as experiências de vida que os conduziram a isso, explorando mais a fundo a complexidade dos seus pensamentos, e quais as dificuldades que enfrentam. Com isso, abrem-se novas possibilidades de conversa em torno do tema polêmico e, por vezes, é possível encontrar a área de valores compartilhados e de interesses comuns, mesmo que as visões sobre o tema continuem divergentes. Um dos exemplos mais citados é a polêmica com relação ao aborto: grupos pró-vida e pró-escolha podem discordar profundamente com relação aos respectivos pontos de vista, mas podem trabalhar juntos em projetos de prevenção da gravidez indesejada.

Os diálogos eficazes (em que ouvir é tão importante quanto falar) sobre temas polêmicos nem sempre produzem acordos, porém, contribuem para estruturar um relacionamento respeitoso entre os adversários.

Para facilitar a descoberta da área comum nas divergências, a *redefinição do conflito* é essencial. Para isso, é preciso olhar o problema a partir de outros ângulos a fim de que as pessoas consigam definir seus interesses de modo mais amplo, abrindo o leque de opções para construir um acordo satisfatório.

E o que de melhor pode acontecer com Tiago e Lucas, Márcia e padre Murilo?

Quando os pais de Tiago e Lucas atuam como árbitros, dando a "sentença", os meninos ficam de castigo, mas não desenvolvem o hábito de pensar soluções justas para ambos. Quando os pais atuam como mediadores do conflito, conseguem ajudar os filhos a "combinar mais para brigar menos"; desse modo, as crianças desenvolvem a habilidade de resolver conflitos de modo mais eficaz.

O bom conflito

A rivalidade entre os irmãos é um combustível poderoso para as brigas entre eles; os pais podem ajudá-los a aliviar a intensidade desse sentimento com a escuta sensível, para que os meninos percebam que ambos são amados.

Os "combinados" ou "acordos de bom convívio" são construídos a partir do reconhecimento da necessidade de melhorar a qualidade do relacionamento. Dependem muito da escuta sensível para sua construção. Porém, esse é apenas o primeiro passo. O passo seguinte é a manutenção do acordo e a coragem para fazer as revisões e os ajustes necessários. O que de melhor pode acontecer com Márcia e sua turma é não desistir e não pensar que o acordo fracassou porque algumas pessoas deixaram de cumprir o combinado, nem deixar de aplicar as conseqüências que fazem parte desse acordo. Com persistência e paciência, é possível manter o "combinado" funcionando satisfatoriamente.

Persistência para manter as parcerias funcionando também é essencial para preservar os progressos obtidos nas comunidades. Infelizmente, mudanças de governo ou de chefia das instituições com freqüência interrompem projetos bem-sucedidos. A "fogueira das vaidades" é responsável por muitas dessas decisões: é o desejo de implementar novos projetos com selo próprio, em vez de dar continuidade ao que começou a funcionar na gestão anterior. Quando padre Murilo decidiu "fazer acontecer" em vez de "esperar acontecer", foi possível dar o ponto de partida para a formação de parcerias para formular o planejamento estratégico. Reconhecendo que a violência tem múltiplas causas, partiram para ações simultâneas e coordenadas. Se ele e seus parceiros de trabalho mantiverem as ações de prevenção da violência no decorrer do tempo e de eventuais mudanças de pessoal, a comunidade continuará caminhando na direção da construção da paz.

Como lidamos com os conflitos?

3

— Só há uma maneira ideal de lidar com os conflitos?
— Não, todos nós lidamos com os conflitos de várias maneiras e todas têm vantagens e desvantagens.

✗ Maria Clara quase sempre volta sem os brinquedos que leva para a escola para brincar com os colegas. Quando sua mãe pergunta por eles, diz que as meninas gostaram, pediram e ela acabou dando de presente. Maria Clara fica chateada com isso, mas teme perder os amigos se não fizer o que eles querem.

✗ Uma conhecida rede de livrarias pretende abrir uma *megastore* num quarteirão nobre de um bairro onde há uma pequena livraria gerenciada pela mesma família há 50 anos. A empresa ofereceu um preço irrisório para comprar a livraria; os donos não querem vender, porém, reconhecendo que estão em dificuldades financeiras, tentaram negociar um aumento da oferta, mais próximo ao valor de mercado.

O bom conflito

A empresa fez pressão, argumentando que eles iriam à falência porque as grandes livrarias oferecem maiores descontos aos clientes. A família acabou aceitando vender a livraria pelo valor inicialmente proposto pela empresa.

✗ Uma grande empresa instalou-se num prédio no centro da cidade, em frente a uma banca especializada em revistas GLS. A exposição das revistas incomodou os funcionários e a clientela. A direção da empresa ofereceu um valor para que Reinaldo, o dono da banca, diversificasse seus produtos. Ele aceitou a oferta e, com isso, ampliou a clientela, concordando em manter as revistas GLS (que já tinham público certo) num local mais discreto da banca.

O que leva Maria Clara a abrir mão de seus desejos, privando-se dos seus pertences, em vez de tentar outros tipos de acordo com suas amigas? Que oportunidades de negócios com a clientela local a grande livraria estaria perdendo ao utilizar a tática de abuso de poder econômico? Qual o modo de solução de conflitos que possibilitou a coexistência da banca de revistas e a empresa recém-instalada?

Quais os caminhos mais comuns?

Os conflitos podem ser resolvidos de várias maneiras: há pessoas, famílias, grupos e organizações que escolhem formas violentas de solução, pelo abuso de poder, pela coerção, por guerrilhas e guerras, pela lei do talião ("olho por olho, dente por dente"). O terrorismo é uma estratégia extrema de coerção não-regulamentada; a greve é uma estratégia não-violenta que combina persuasão e coerção dentro de um formato institucionalizado.

Há caminhos que tentam conseguir um novo equilíbrio do poder, como as greves, as operações-padrão, os boicotes de consumidores, as passeatas de protesto; outras pessoas preferem os meios não-violentos de solução: recorrem à construção do consenso, procuram harmonizar suas diferenças com os outros negociando acordos satisfatórios para todos e, quando o grau de conflito se intensifica, pedem ajuda a um terceiro de confiança para fazer conciliação, mediação ou arbitragem.

A escolha da estratégia influencia a definição do conflito como destrutivo ou construtivo.

No circuito da comunicação, encontramos complementações nas maneiras como as diferentes pessoas envolvidas lidam com o conflito, formando os jogos interativos. Por exemplo: Luciana conseguiu apoderar-se do cartão do banco com que a mãe costumava retirar os rendimentos de sua aposentadoria e gasta quase tudo; quando a mãe reclama, ameaça não deixá-la ver os netos. A mãe se encolhe diante das ameaças e abre mão de seus direitos e, com isso, a filha continua "crescendo" no abuso do poder.

Há duas estratégias fundamentais: integrativa ("aumentar o bolo", cooperação) e distributiva ("dividir o bolo", competição). *Em negociações bem-sucedidas, todos ganham, o objetivo é o acordo, não a vitória.*

Ninguém resolve todos os conflitos de uma só maneira. Dependendo da situação, varia o grau de interesse por nós mesmos e pelo outro, e isso constitui um dos elementos que influem no modo de solução. As principais maneiras de resolver conflitos são as seguintes: negar, evitar ou fugir do conflito; abrir mão, acomodar-se; usar o poder ou a força; ceder, barganhar ("toma lá, dá cá"); colaborar, fazer acordos.

Negar, evitar ou fugir do conflito

Quando Ísis procura Danilo para conversar sobre os filhos, ele invariavelmente diz: "Não quero saber de problemas!". Os filhos também se queixam de que mal conseguem falar com o pai. Ao fugir das conversas, Danilo contribui para o distanciamento e a insatisfação da mulher e dos filhos. Ísis, angustiada, confidencia: "Estamos casados há 15 anos e já faz algum tempo que o casamento está ruim. Acho que ele tem outra, mas eu dependo dele financeiramente e não quero criar os filhos sem o pai dentro de casa. Não ouso falar das minhas suspeitas, evito até pensar sobre isso".

O temor de abordar claramente o problema é piorá-lo: fugir do conflito na conversa, ou até mesmo dentro de si mesma, é uma tentativa de proteger-se contra algo que a pessoa imagina que seja catastrófico. Porém, evitar abordar o problema, fazer brincadeiras irônicas, dizer que o outro "está fazendo tempestade em copo d'água", recusando-se a ouvi-lo com atenção e respeito, pode piorar o relacionamento e intensificar o conflito.

Um modo comum de negar o conflito até para si próprio é buscar justificativas que atenuem a gravidade da situação. É o que acontece em inúmeros casos de violência conjugal em que a mulher nega o conflito, justificando as reações do companheiro, dizendo, por exemplo, que ele só fica nervoso quando bebe. O padrão violento costuma começar no namoro, mas a esperança de que depois ele mude faz com que a situação torne-se intolerável após o casamento. Nas sociedades patriarcais, a visão do homem como dono da mulher fortalece a negação dos conflitos conjugais e de inúmeros episódios de violência contra as mulheres até mesmo no campo jurídico.

Há quem confie na passagem do tempo para diluir o conflito, há quem prefira não tomar conhecimento daquilo que está acontecendo; há quem queira "empurrar com a barriga" dando mais um tempo para enfrentar o problema ou mudando de assunto. Ocasionalmente, verificamos que "o tempo é o melhor remédio" que dilui alguns conflitos. Porém, é arriscado fugir com freqüência dos conflitos: ao não se esforçar por atender as próprias necessidades ou ao perceber que o outro foge dos problemas fazendo pouco caso deles, a pessoa acaba acumulando raiva e frustração até o ponto de ruptura ou explosão (bate a porta do quarto em casa, pede demissão após um sério aborrecimento com o chefe); ou, então, surpreende-se com a explosão do outro que afirma ter chegado ao limite (o marido que fica chocado quando a mulher anuncia que não quer mais ficar casada com ele).

Outro risco sério é adoecer: como diz Adalberto Barreto, psiquiatra e antropólogo brasileiro, "quando a boca cala, o corpo fala". O hábito de fugir dos conflitos faz mal à saúde: estresse no trabalho, casamento insatisfatório, condições ruins de vida podem adoecer pessoas, equipes e comunidades.

Evadir-se, recusar-se a abordar o problema, disfarçar, mudar de assunto e "sair de fininho" são variações de evitar ou fugir do conflito e que acabam provocando sua intensificação. Exemplo: Jane é síndica de um prédio antigo, em que a maioria dos apartamentos é de um único proprietário. Os inquilinos se queixam de que ele os recebe de modo debochado e irônico quando eles reivindicam reparos que são de sua responsabilidade. Isso também irrita profundamente a síndica: quando confronta o proprietário com as queixas dos inquilinos, ele sorri ironicamente, dá respostas evasivas e faz promessas que não se cumprem.

Abrir mão, acomodar-se

Por medo de perder vantagens ou provocar uma ruptura do relacionamento, há quem prefira renunciar a seus desejos e necessidades, aceitando as condições colocadas pelo outro, submetendo-se a ele. Para a pessoa que abre mão de seu território, o medo de colocar em risco o relacionamento ou de desagradar o outro é tão forte que os próprios desejos e necessidades ficam em segundo plano. Acredita piamente no ditado: "ruim com ele, pior sem ele".

No entanto, ao olharmos mais profundamente, veremos que a pessoa abre mão de muita coisa em nome de outras necessidades fundamentais: ser aceita, ser amada, ter companhia para não sentir a dor da solidão ou da rejeição. Pode até reconhecer que está pagando muito caro por isso, mas, assim mesmo, está disposta a pagar o preço.

Madalena descreve seu marido como um homem "de gênio forte": durante quarenta anos pensou que a única maneira de manter um bom relacionamento era renunciar a seus desejos pessoais, submetendo-se aos dele. Por isso, deixou de trabalhar quando se casaram, não fez a faculdade de arquitetura que tanto desejava, não reclamava quando ele abria sua correspondência e controlava seus telefonemas por ser muito ciumento. Quando enviuvou, sentiu um misto de tristeza e alívio: diante da nova liberdade de ir e vir, finalmente percebeu como tinha vivido aprisionada, pois não podia ir a lugar algum sem o consentimento do marido.

O risco de usar em excesso esse meio de lidar com os conflitos é acumular ressentimento e mágoa, pois não conseguimos ser assertivos o bastante para expressar aquilo que queremos. Desejamos que os outros sejam sensíveis para perceber ou até mesmo adivinhar nossos desejos, mas isso raramente acontece. Acabam nos passando para trás, pensando que não nos incomodamos com coisa alguma. Há também o risco de adoecer, de ter indigestão por ficar "engolindo sapos", com a dificuldade de usar a energia agressiva para ser firme e assertivo.

Wagner é taxista; procura manter seu carro limpo e perfumado, com o jornal do dia e revistas para entreter os clientes. Ficou revoltado quando entrou uma mulher com o filho equilibrando um enorme saco de pipocas e um copo de refrigerante, mas nada disse, com receio de perder os passageiros. Wagner reage desse modo com freqüência, não só no trabalho como também nas relações com amigos e parentes, e, segundo seu médico, isso está lhe provocando dores de estômago e perturbações digestivas.

Há muitas pessoas que pensam e agem como Wagner: imaginam que, se manifestarem um desejo ou uma opinião diferente, serão rejeitadas. Então transmitem a mensagem: "o que você fizer ou quiser está bom para mim", mesmo que isso não seja verdadeiro. E a leitura que os outros fazem é: "posso satisfazer meus desejos, porque ele não tem vontade própria, aceita qualquer coisa". Mas o que aconteceria se Wagner, gentilmente, dissesse à passageira que, para manter o táxi limpo e perfumado, precisaria de sua colaboração no sentido de não comer nem beber lá dentro? Perderia clientes ou seria tratado com a devida consideração?

Nas equipes de trabalho, assim como nas "equipes de família", a acomodação às vezes encontra como justificativa a afirmação de que um determinado membro "é assim mesmo e não vai mudar" e, então, não há outro remédio a não ser "se conformar". Desse modo, o grupo acaba fazendo o trabalho de quem se desorganiza ou se recusa sistematicamente a colaborar (não entra no turno de lavar a louça, atrasa sua parte na pesquisa da escola, dá mil desculpas para justificar seus atrasos). Freqüentemente, o grupo não percebe que cria um padrão de comportamento que acaba reforçando a conduta do membro do qual se queixa.

Usar o poder ou a força

Quando estamos mais interessados em atender a nós mesmos e nos importamos pouco com os outros, tendemos a subjugá-los, usando o poder para impor nossos desejos e decisões: "É assim que eu quero e você tem que fazer, não tem conversa!". Quem recorre com freqüência a esse modo de resolver os conflitos, tem perfil autoritário e detém o poder (mais dinheiro, recursos, prestígio), buscando abocanhar a maior fatia do bolo com soluções "ganha/perde". Pensa que para ser vitorioso precisa ser egoísta, competitivo e manipulador, recorrendo a agressões e ameaças. Com pouca sensibilidade e compaixão, considera o adversário como um inimigo a ser esmagado. Acha que ganha só quando o outro perde. Com isso, a parte desfavorecida acumula ressentimento e revolta, o que pode resultar em retaliações e sabotagens na primeira oportunidade que surgir. O prejuízo para o relacionamento é grande: a derrota é fermento para novos conflitos.

A abordagem ganhar–perder é utilizada em muitas situações de conflito, como, por exemplo, nas guerras, nas greves, na operação-tartaruga. As pessoas belicosas, intransigentes, manipuladoras, agressivas, excessivamente centradas em seus interesses tendem a gerar mais impasses do que acordos na busca pela "maior fatia do bolo". As táticas mais comuns utilizadas para "vencer" são: pedir muito, fazer concessões aos poucos, exagerar o valor das próprias concessões, minimizar o valor das concessões da outra parte; omitir informações, oferecer argumentos convincentes para defender a própria posição e ter paciência para vencer a resistência do adversário.

"Se a gente não grita, ninguém nos respeita": pessoas que pertencem a grupos minoritários e oprimidos também tentam conseguir uma fatia maior de poder protestando com veemência.

A cultura jurídica tradicional enfatiza a formação de advogados para "ganhar as causas" em que o sinal de sucesso é derrotar o oponente. Há ainda um longo caminho a percorrer para conseguir mudar essa abordagem ganhar-perder para estabelecer a cultura da mediação. Mas, para isso, é preciso que o estudo da mediação e da conciliação seja inserido no ensino das disciplinas (direito societário, criminal, familiar, etc.).

Ceder, barganhar ("toma lá, dá cá")

Na política, é comum recorrer à barganha quando há divergências que dificultam a formação de alianças e coalizões: quando, por exemplo, o prefeito e o governador não se entendem, mas acham conveniente recorrer ao jogo do "toma lá, dá cá" fazendo concessões de parte a parte para atender a interesses considerados prioritários, procurando perder o mínimo possível e ganhar o máximo.

Além da política, a barganha é muito utilizada nos negócios. É comum, por exemplo, o proprietário colocar o preço de um imóvel um pouco acima do valor pelo qual realmente pretende vender, para dar margem de barganha aos compradores em potencial. Estes, ao visitarem o imóvel, procuram realçar os defeitos na tentativa de convencer o vendedor a aceitar suas propostas de reduzir o preço.

Ninguém consegue tudo o que quer, mas cada um cede um pouco para chegar a uma solução razoável na partilha do "bolo fixo" (no exemplo do imóvel, o valor final acaba não sendo tão alto quanto o vendedor quer nem tão baixo quanto o comprador deseja). As pessoas acabam obtendo metade do que gostariam, enquanto a abordagem integrativa, ao gerar opções para aumentar o bolo, pode garantir que ambas as partes consigam tudo o que gostariam. A questão é que, para fazer o bolo crescer, é preciso dispor de tempo e, principalmente, de habilidade de comunicação.

Na barganha, vigora o lema "nem tanto ao mar, nem tanto à terra", ou "metade para cada um": todos cedem um pouco para sair do impasse, quando não é possível uma divisão melhor ou quando as pessoas não estão com tempo e paciência para negociar um acordo realmente satisfatório para os dois lados. O problema é que, com a pressa de encontrar rapidamente uma solução, nem sempre as partes cedem na mesma proporção e, com freqüência, ambas ficam insatisfeitas, sem resolver eficazmente o conflito. Para tentar obter vantagens, a pessoa que tem mais habilidade para barganhar procura explorar os pontos fracos dos outros com a esperança de conseguir o máximo de vantagem, fazendo poucas concessões.

No entanto, nem sempre ceder significa perder terreno, mas pode ser uma estratégia eficiente para ganhar algo mais importante adiante, numa visão de longo prazo. Por outro lado, essa esperança pode ser ilusória: as pessoas "boazinhas" cedem esperando gratidão e reconhecimento, que nem sempre aparecem na proporção esperada. Há pessoas que aparentemente "dão muito" quando, na verdade, apresentam promissórias secretas em que o outro fica endividado sem saber. O "homem-aranha", muito bonzinho e disponível, vai tecendo a teia, enrolando a "mosca" que fica atada a ele, que se torna indispensável, na base de "eu preciso que você precise de mim". Faz chantagem secreta na base do "você me deve favores". Tudo isso fica encoberto, e o conflito latente gera tensões subterrâneas.

Ceder também pode ser uma estratégia para conseguir uma solução razoavelmente satisfatória no curto prazo, evitando que o problema se estenda por um tempo imprevisível e com resultados duvidosos. Num prédio residencial com poucas unidades, um morador atrasou por mais de cinco anos o pagamento do condomínio, onerando os demais. Ele conseguira, não se soube como, embargar por duas vezes o leilão do apartamento e recorrera a todas as medidas possíveis para retardar o processo. Por fim, os moradores e a síndica acabaram aceitando sua proposta de pagar a dívida com uma expressiva redução das multas, por temerem que a situação ficasse ainda pior se resolvessem entrar na justiça com uma nova ação para recuperar o valor integral devido.

O sentimento de culpa está na raiz de muitas atitudes de ceder exageradamente aos desejos dos outros, como uma espécie de "indenização" pelos danos supostamente causados. Foi o que aconteceu com Diana quando resolveu se separar de Almir: vendo-o arrasado com sua decisão e muito resistente às propostas de um acordo mais justo, acabou cedendo demais e assumindo a maioria das despesas com os dois filhos. Dez anos mais tarde, Almir estava em ótima situação financeira e Diana se matando de trabalhar para sustentar dois adolescentes. Apesar disso, pensava não ter direito de pedir uma revisão do acordo de separação. Vale a pena lembrar que, em culturas em que predomina o machismo, a polaridade "mulher que faz concessões e homem que impõe seus desejos" é o padrão.

O medo de discordar e deixar o outro aborrecido também motiva algumas pessoas a fazerem grandes concessões, as quais acabam gerando correntes subterrâneas de descontentamento que formam conflitos latentes durante muito tempo. Foi o que aconteceu com Décio: temendo a reação da mulher, comprou um apartamento num bairro que ela queria, embora ele detestasse; permitia que ela decidisse para onde viajariam nas férias, embora nem sempre fosse para lugares de sua preferência; não demonstrava seu ressentimento quando ela o ignorava, tratando-o com indiferença e recusando seu carinho. Décio se colocou em segundo plano por tantos anos que se surpreendeu ao se apaixonar por uma colega de trabalho que o tratava com muito carinho e atenção.

Há também uma diferença significativa, embora às vezes sutil, entre barganha e chantagem. Na barganha, há ofertas de concessões recíprocas, mesmo quando um fica menos favorecido: "Se você me deixar brincar com o *videogame* agora, eu te dou a barra de chocolate que você quer". A chantagem cria becos sem saída para deixar o outro encurralado, envolve ameaças, na esperança de obter mais poder ("Se você continuar sendo chata comigo, vou morar com meu pai!"), ou exibe trunfos que obriga o outro a fazer algo contra sua vontade sob pena de ter sua reputação destruída ("Tenho em meu poder algumas fotos que te comprometem...").

Colaborar, fazer acordos

O objetivo principal é chegar a um acordo satisfatório para todos. Estamos altamente interessados em nós mesmos e nos outros, falamos abertamente de necessidades e de sentimentos, escutamos uns aos outros, formamos uma boa parceria em que o poder e a responsabilidade ficam distribuídos. O conflito é definido como um problema em comum para ser resolvido em co-responsabilidade. Desse modo, exercitamos nossa criatividade para gerar opções que resultam na negociação de acordos satisfatórios. Em vez de lutar para conquistar a maior fatia do bolo, procuramos aumentar o bolo para que todos possam comê-lo.

A busca do consenso é um esforço de cooperação no sentido de encontrar uma solução aceitável para todos, em vez de insistir numa luta competitiva de forçar os perdedores a "engolir" uma solução inaceitável. A solução de problemas por colaboração é muito útil para conflitos envolvendo múltiplas partes, especialmente em questões ambientais e de políticas públicas.

É fundamental definir o critério de sucesso no início do processo. Numa sociedade como a atual, que é interligada, a construção de consenso é importante, para atender vários grupos com diferentes necessidades. Indivíduos e organizações podem colaborar na solução de problemas complexos que afetam a todos. Um consórcio de cientistas de diferentes instituições interessadas em elaborar um novo medicamento para tratar uma doença que aflige um grande número de pessoas precisa colaborar integrando suas descobertas, apesar da competição pelo sucesso, por destaque profissional ou por mais verbas para aprofundar as pesquisas. É um processo que transforma interações antagônicas em busca colaborativa de informações e soluções razoavelmente satisfatórias para todas as partes envolvidas.

Essa abordagem tem sido comumente aplicada em disputas que envolvem uso da terra, de recursos hídricos, de energia, de qualidade do ar. Também em questões de transporte e de moradia, assim como em questões internacionais, devido ao crescimento da interdependência entre as nações: desenvolvimento sustentável, aquecimento global, proteção aos direitos humanos, comércio, controle de armas de destruição em massa. O principal benefício é aumentar a qualidade das soluções criadas pela colaboração.

Muitos ditados populares sintetizam as diferentes maneiras de lidar com os conflitos. Por exemplo: "O que os olhos não vêem, o coração não sente" (evitar ou fugir); "Ruim com ele, pior sem ele" (acomodar-se); "Manda quem pode, obedece quem tem juízo" (uso do poder); "É melhor um pássaro na mão do que dois voando" (ceder); "Em casa de ferreiro o espeto é de pau" (especialistas em solução de conflitos nem sempre conseguem resolver seus próprios conflitos!).

Na maioria das vezes, quando escolhemos as maneiras "bélicas" de solução de conflitos os custos emocionais são altos. Os financeiros também, quando entramos em litígio, em processos que podem demorar muitos anos nos tribunais, com o risco de que a decisão judicial não seja tão favorável como gostaríamos. Por esses motivos, o terreno da solução alternativa de conflitos está se ampliando em muitos países, mostrando que há caminhos mais eficazes e econômicos de resolver conflitos, sem usar violência ou recorrer à justiça.

Em muitos países, inclusive no Brasil, cresce a procura pela chamada RAD (resolução alternativa de disputas, ou, de acordo com a sugestão de outros autores, "resolução apropriada de disputas") para evitar o desgaste do relacionamento, os altos custos e a lentidão do judiciário. Cresce também o número de escolas que procuram capacitar seus alunos como mediadores de conflitos entre colegas e também entre alunos e professores, estruturando os chamados "pactos de convivência".

O uso desses instrumentos (negociação, conciliação, mediação e arbitragem) requer a aprendizagem de recursos de comunicação e o desenvolvimento de habilidades para resolver problemas. Na solução não-violenta dos conflitos, as diferenças são reconhecidas, os problemas são redefinidos, as áreas comuns são exploradas e tudo isso prepara o terreno para a busca de soluções que satisfaçam as necessidades de todos.

Uma das grandes vantagens da RAD é desafogar o judiciário: os conflitos resolvidos por mediação ou arbitragem transformam-se mais rapidamente e com custos bem menores do que entrar com uma ação. Como utiliza uma abordagem integrativa, a RAD é mais cooperativa do que o litígio e o relacionamento entre as partes tende a melhorar.

E o que de melhor pode acontecer com Maria Clara, com os donos da grande livraria e com Reinaldo?

A equação "se eu fizer o que as pessoas querem, elas vão gostar de mim e nunca vão me abandonar" é um gigantesco auto-engano; porém, algumas crianças pensam que isso acontece e crescem mantendo essa ilusão. Abrir mão excessivamente de suas próprias necessidades é se deixar explorar, usar, desrespeitar. E isso representa a dificuldade de usar a energia agressiva para ser assertivo e fazer valer seus direitos. Quando Maria Clara descobrir que, mesmo frustrando alguns desejos dos amigos, a amizade continuará (caso contrário, não vale a pena manter amigos "interesseiros"), terá mais facilidade em sugerir que compartilhem os brinquedos de todas sem se desfazer do que lhe pertence; quando aprender a perceber os aspectos benéficos da raiva para expressá-la por meio da firmeza de atitudes, será mais respeitada e valorizada e crescerá descobrindo o valor do equilíbrio entre a satisfação dos desejos dos outros e dos seus próprios.

O que de melhor pode acontecer com os donos da grande livraria é perceber que o capitalismo predatório, em que os maiores engolem os menores, em que se cultiva o prazer perverso de eliminar os concorrentes ou esmagar os adversários, não é a maneira ética de fazer negócios e não necessariamente a maneira mais lucrativa. Talvez não tenham percebido mais a fundo o valor das parcerias, em que todos podem sair ganhando com um planejamento estratégico bem arquitetado, que leva em consideração não só os valores tangíveis como também os intangíveis. Quanto vale a história de 50 anos de relacionamento com as pessoas do bairro? Quanto isso poderia ter sido transformado em bom negócio para ambos os lados? Quanto o "lucro" de ter negociado um preço irrisório para a compra da pequena livraria poderá representar a perda de um maior potencial de vendas futuras por não ter sido feita uma parceria interessante entre os donos da pequena livraria e os da *megastore*?

Reinaldo continuará se beneficiando se mantiver a postura de estar atento para boas oportunidades de negócio. Poderia sair perdendo caso mantivesse a posição rígida de não alterar seu modelo de negócios diante do novo contexto representado pela vizinhança da nova empresa. Mas a flexibilidade de sua postura ajudou a tornar o "toma lá, dá cá" da barganha uma solução satisfatória tanto para a empresa quanto para a banca de revistas. Outros tipos de situação, em que não for possível chegar a um acordo realmente satisfatório em tão pouco tempo, exigirão de Reinaldo não só a flexibilidade, mas também a melhor percepção dos interesses da outra parte e a clareza de expressão dos seus próprios interesses para negociar acordos mais refinados.

A boa raiva

4

— Como distinguir entre a raiva boa e a ruim?
— Pelos efeitos construtivos ou destrutivos para o relacionamento ou para o conflito que queremos resolver.

- Diana tem dois filhos agitadíssimos. Para colocar os limites devidos e estruturar a disciplina necessária, fala com firmeza, olhando nos olhos das crianças, e age com muita energia, impondo-lhes as conseqüências cabíveis quando a desobedecem.

- Henrique agride seus amigos com tapas e xingamentos quando eles não aceitam suas idéias de brincadeiras. Seus pais e sua professora estão se esforçando para ajudá-lo a desenvolver a "força da palavra" e deixar a "força do braço" para ser usada de outras maneiras.

- Afonso é um arquiteto bem-sucedido e seu escritório é muito respeitado no mercado. Porém, tem temperamento explosivo e não mede as palavras: tem acessos de raiva e, com isso, arrasa, ofende e humilha seus colaboradores, negando até mesmo a importância de bons trabalhos anteriores. Ressentidos e chocados com as explosões de Afonso, alguns colaboradores saíram chorando ou se demitiram.

Como Diana consegue utilizar positivamente a energia da raiva para disciplinar seus filhos sem violência? O que Henrique precisa aprender para se relacionar melhor com seus amigos? Que trabalho de desenvolvimento pessoal Afonso precisará fazer para administrar sua raiva e não perder colaboradores competentes?

O que fazer com a energia da raiva?

Os conflitos estimulam sentimentos intensos, principalmente a raiva. O acúmulo de mágoas, decepções e ressentimentos formam uma couraça de raiva que, com freqüência, torna a pessoa resistente à proposta de mediação ("Estou morrendo de raiva, não quero conversar nem ver a cara dele, quero ir direto para a Justiça!"). É importante descobrir os sentimentos que estão por baixo da raiva (tristeza, humilhação, medo, entre outros) para que a raiva se transforme e permita que as pessoas parem de empacar nas respectivas posições. Refletir sobre as raízes da raiva também pode ser útil para diminuir a intransigência e ampliar recursos para lidar com os conflitos de modo mais eficiente.

Cansada de reclamar da falta de cooperação dos filhos adultos, que sempre deixavam as garrafas de água vazias, Helena mudou de tática: reservou para si mesma uma garrafa térmica com água gelada e parou de encher as da geladeira; sentiu-se aliviada e, assim, sem se enraivecer nem continuar brigando com os filhos, transmitiu a mensagem de que deixaria de realizar essa tarefa sozinha. Foi o primeiro passo para pensar em outras situações em que ela estava fazendo mais do que devia, dando margem à acomodação dos filhos.

Um dos exercícios do seminário sobre resolução de conflitos e administração da raiva inclui a seguinte pergunta: "Quais as situações que lhe provocam raiva e o que costuma fazer com isso?". Luís Antônio respondeu que a impontualidade das pessoas o tira do sério. Com a ajuda das perguntas dos participantes, percebeu que, como costuma ser muito rigoroso com o horário, espera que todos sejam como ele. Quando isso não acontece, fica frustrado e enraivecido, sentindo-se desconsiderado. Reage mostrando-se irritado e mal-humorado, o que às vezes lhe traz problemas de relacionamento no trabalho. Se conseguir perceber que muitas pessoas têm dificuldades de gerenciar o tempo e que o atraso dos outros nem sempre significa desconsideração com relação a ele, Luís Antônio conseguirá reagir de modo mais eficaz diante da impontualidade.

O exame da nossa raiva, portanto, oferece oportunidades de desenvolver novos recursos para lidar com as situações que nos incomodam e mudar padrões de comportamento.

O bom conflito

A raiva é o sentimento mais aparente na maioria das situações em que as pessoas solicitam a atuação do terceiro facilitador. Somos dominados pela raiva quando ela fica maior do que nós mesmos: falamos coisas das quais nos arrependemos mais tarde e brigamos alucinadamente sem conseguir resolver o problema. Acabamos encurralados no beco sem saída da "raiva quente" (gritos, xingamentos, agressões físicas) ou da "raiva gelada" (ressentimento, mudez hostil, esfriamento ou ruptura da relação). Os conflitos se intensificam, o relacionamento se deteriora.

O terceiro facilitador precisa desenvolver uma habilidade especial para reconhecer os sentimentos subjacentes no "iceberg" da raiva: ao focalizar os sentimentos que dão origem à raiva é possível diminuir sua intensidade e, com isso, ajudamos as pessoas a transitar do papel de oponentes para "sócias" do problema, examinando-o lado a lado, em vez de bater de frente. *Quando demonstramos que compreendemos as raízes da raiva, ela se transforma em outros sentimentos.* E, então, podemos utilizar eficazmente a energia da raiva.

A expressão da raiva é apenas a parte visível do "iceberg": há muitos outros sentimentos que, quando "fermentados" dentro de nós, contribuem para a intensificação da raiva. Os sentimentos que mais comumente encontramos sob a raiva são: insatisfação, tristeza, mágoa, decepção, frustração, preocupação, humilhação e medo (a "fera ferida"). Em geral, quando mostramos à pessoa que compreendemos as razões de sua raiva, ela se acalma e a raiva se transforma em outro sentimento. No entanto, é preciso

A boa raiva

desenvolver a sensibilidade para tocar nesses sentimentos subjacentes sem melindrar as pessoas. Há quem se sinta protegido por uma carapaça guerreira porque teme expor sua dor: prefere gritar porque acha que chorar é sinal de fraqueza. Os que agora machucam já se sentiram machucados e escondem sua vulnerabilidade sob o disfarce da agressividade, como mostra o seguinte trecho da letra da música "Cara Valente", de Marcelo Camelo:

> *Ele não é feliz, sempre diz*
> *Que é do tipo cara valente*
> *Mas veja só, a gente sabe*
> *Esse humor é coisa de um rapaz*
> *Que sem proteção*
> *Foi se esconder atrás da cara de vilão.*

Há várias maneiras de lidar com a raiva: expressar (falar dos sentimentos de modo assertivo, não-agressivo), explodir, suprimir, acalmar, disfarçar a hostilidade com comentários irônicos ou até mesmo com condutas de superproteção e sabotagem.

É importante reconhecer os *aspectos positivos da raiva*: individualmente, a energia da raiva nos ajuda a batalhar pelo que queremos, a persistir sem esmorecer diante dos obstáculos, a ser firmes e assertivos, a ser ousados e destemidos para correr riscos e a encarar os desafios da vida (por exemplo, para "levantar" uma empresa que vai mal). A energia da raiva é um dos componentes da perseverança: "Eu me recuso a desanimar, vou batalhar até o fim para vencer essa dificuldade"; "Não vou desistir, não vou entregar os pontos". Essa energia é indispensável: quando a pessoa tem dificuldades de usá-la, fica desvitalizada como uma "planta murcha", se afundando em pensamentos de fracasso: "Não vai dar certo mesmo, nem adianta continuar tentando"; "Não tenho capacidade de resolver isso". Uma das raízes da depressão é a raiva voltada contra nós mesmos: assim nos abatemos e nos atacamos com pensamentos derrotistas.

Quando a raiva se expressa pela indignação coletiva, pode desencadear movimentos de mudança social. A indignação diante de episódios de maus-tratos, discriminação e violação de direitos tem sido essencial para a atuação do movimento de mulheres, negros e homossexuais. Com isso, modifica-se a visão da sociedade, as políticas públicas e as leis. Expressar a raiva com eficácia, em vez de simplesmente "descarregá-la", significa desejo de resolver o problema.

Por outro lado, explodir como um vulcão pode levar o conflito a níveis intratáveis na família ou no trabalho. Como diz Marlene: "O problema não é que eu tenha pavio curto, é que dizem que eu nem tenho pavio. Mas eu sou franca, não fico guardando, o que eu não gosto eu digo na cara". O problema não é simplesmente dizer, é como dizer: falar do que não gosta de modo não-ofensivo ou que não assuste os outros.

As pessoas "raivosas" podem se beneficiar com o uso de técnicas de relaxamento e de meditação (para desenvolver a serenidade interior); precisam também aprender a ver outros ângulos da situação que as enraivecem e a melhorar a qualidade da comunicação. E, sobretudo, cultivar a paciência e a tolerância. Como diz o Dalai Lama em seu livro *A arte de lidar com a raiva*: o antídoto para a raiva é a paciência. Ele considera que o ódio e a raiva destroem a serenidade da mente e, por isso, o ódio, em especial, nos faz muito mal.

Saber utilizar a energia da raiva com assertividade e firmeza, expressando com clareza o que é preciso modificar, é um instrumento valioso na gestão de conflitos. Por exemplo: Cora, gerente de uma empresa de planos de saúde, foi chamada pela chefe, que observou pouca produtividade na maioria dos funcionários do setor. Isso acontece porque passam muito tempo no Messenger, e-mails pessoais e Orkut. A gerente, sentindo claramente que precisava zelar pelo seu nome profissional, convocou uma reunião com a equipe e falou de modo incisivo e assertivo, mostrando-se constrangida por abordar esse tema com colegas de profissão.

O terceiro facilitador precisa compreender a dinâmica da raiva. Quando estamos fazendo mediação, é preciso explicitar as regras do jogo: que as pessoas em conflito ouçam os respectivos relatos sem interrupção, que expressem o que sentem de modo não-ofensivo. Desse modo, reconhecemos que sentir raiva é normal e inevitável, mas que há maneiras aceitáveis e inaceitáveis de expressá-la. Em palavras simples: *é preciso que a gente aprenda a tomar conta da raiva, em vez de deixar que ela tome conta da gente.* Esse é um dos componentes básicos da inteligência relacional. Em casos extremos, quando as pessoas não conseguem "segurar a raiva", o terceiro facilitador deve interromper o trabalho ou solicitar sessões separadas como conseqüência pelo não-cumprimento das regras estabelecidas. Quando estamos numa negociação ou atuando como terceiro facilitador numa conciliação ou numa mediação, podemos também ficar irritados ou enraivecidos, seja por ficarmos indignados com comportamentos desrespeitosos, seja por causa de ações que consideramos injustas e despropositadas. No entanto, vale lembrar que uma das habilidades básicas do bom negociador é controlar suas emoções. William Ury, professor e consultor americano, utiliza a expressão "subir à galeria" para metaforicamente descrever o esforço que deve ser feito para não nos deixarmos tomar pela raiva e pela irritação que nos faz perder a visão mais ampla do território e nos deixa sem espaço para pensar claramente qual seria o melhor caminho a seguir. As reações impulsivas e as palavras impensadas que dizemos no calor da raiva são os nossos piores inimigos: é preciso pensar antes de falar, assim como evitar tomar decisões importantes de modo precipitado.

Procurar focalizar os sentimentos subjacentes à raiva também nos ajuda a transformá-la e a proporcionar maior mobilidade emocional. A raiva limita nosso campo visual e nossos movimentos: a tendência é nos fixarmos numa única maneira de ver a situação e no desejo de derrotar, humilhar ou destroçar o oponente. Assumir a postura de estar sempre aprendendo a lidar com nossos sentimentos significa acreditar que o processo de autoconhecimento e autodesenvolvimento jamais termina, e que é sempre necessário procurar aumentar a aproximação entre a maneira como nos percebemos e a maneira como somos percebidos (autopercepção e heteropercepção).

Um dos princípios básicos da boa negociação é: "Não humilhe seu adversário". A humilhação gera raiva e violência.

O sentimento intenso de ser continuamente humilhado, combinado com graves distúrbios emocionais, pode resultar em ações extremamente violentas, como aconteceu com o sul-coreano Cho Seung-hui, que assassinou 32 pessoas, feriu outras 24 e se suicidou no *campus* da Virginia Tech University, em 2007. No vídeo enviado à rede NBC ele declara: "Vocês não sabem o que é ser encurralado, o que é ser humilhado".

Por isso, no campo da negociação e da transformação de conflitos, William Ury recomenda construir uma "ponte dourada" para o oponente, o que equivale à expressão "saída honrosa". Isso significa, entre outras coisas, desarmar o oponente rompendo a resistência alimentada por medo, desconfiança, hostilidade para que ele lhe ouça; salvar as aparências para que se sinta vitorioso; passar para o lado dele, mostrando que compreende suas colocações e concordando com o que puder. É difícil atacar alguém que concorda com você. Peça conselhos a ele: "O que você faria no meu lugar?".

Com isso, deixamos de lutar uma batalha frente a frente e passamos a resolver problemas lado a lado ("deixar que o outro faça o que você quer").

Como lidar com a raiva dos outros?

Para aproveitar a energia da raiva construtivamente (a "boa raiva") é preciso deixar bem claro o seguinte:

✗ Sentir raiva é normal e inevitável.

- ✗ A raiva pode ser expressa de maneiras aceitáveis e inaceitáveis.
- ✗ É preciso aprender a tomar conta da raiva, em vez de deixar que ela tome conta da gente.
- ✗ É necessário bloquear expressões inaceitáveis da raiva.
- ✗ É preciso estimular a descoberta de alternativas aceitáveis de expressão.

Por isso, em muitas circunstâncias, precisaremos colocar limites claros para que as expressões inaceitáveis da raiva não "transbordem" e propiciem agressões indevidas, tratamento desrespeitoso ou tumulto generalizado.

Quando Miguel nasceu, Francisco estava com quatro anos. Seus sentimentos de ciúme se intensificaram na medida em que Miguel se sobressaía pelo bom humor e pelo carinho com que tratava as pessoas. Francisco passou a sentir-se como o "patinho feio", mostrando-se insatisfeito, oposicionista e arredio, tentando desqualificar o irmão, chamando-o de idiota, burro, imbecil. Ao "brincar de gangorra", tentando colocar Miguel para baixo para ficar em posição superior, Francisco tenta validar com sua tristeza e sentimento de rejeição. No decorrer das sessões de terapia familiar, Francisco percebeu melhor o que alimentava seus ataques, Miguel conseguiu tornar-se mais assertivo para utilizar positivamente a energia de sua raiva e os pais aprenderam a colocar limites mais incisivos nas manifestações inaceitáveis da raiva do filho.

A boa raiva

Sílvio é síndico de um prédio com 400 salas comerciais. Muitas reuniões de condomínio tornaram-se inviáveis por causa de comportamentos agressivos e desrespeitosos, em que um tirava o microfone das mãos do outro, com gritos e xingamentos. A duras penas, ele conseguiu convencer a maioria dos condôminos a fazer uma convenção para as reuniões, com regras básicas de civilidade, colocando como conseqüência que os condôminos que se descontrolassem teriam de se retirar da reunião.

Ocasionalmente, a mídia televisiva e a impressa mostram cenas de destempero em sessões da Câmara de Deputados e do Senado Federal: divergências entre os ilustres parlamentares que nem sempre se expressam com o devido respeito pelos cargos que ocupam...

Ao trabalhar com mediação nas escolas, é essencial difundir entre os alunos a idéia de que *as brigas físicas e a violência são maneiras inaceitáveis de resolver conflitos*. Outro conceito básico é: *brincadeiras que machucam, física ou emocionalmente (apelidos depreciativos, discriminação, perseguição), são agressões e não brincadeiras verdadeiras*. O desafio diante do conflito é: "Como vocês podem resolver isso sem briga?". Na verdade, esse trabalho envolve toda a comunidade escolar e não apenas os alunos. O objetivo é reduzir a incidência dos episódios de maus-tratos entre alunos (o "bullying"), cujas características são:

- ✗ Agressão física e verbal, humilhação, insultos, difamação, ridicularização, intimidação, ameaças, exclusão.

- ✗ Envolve os agressores, as vítimas e as testemunhas da agressão.
- ✗ Intensifica problemas com a auto-estima, afeta o rendimento escolar e o relacionamento.
- ✗ Aumenta a ansiedade e o medo.

O trabalho da equipe escolar precisa centrar-se no conceito da boa raiva: os agressores precisarão ampliar seus recursos de comunicação para expressarem seu desagrado de modo não-ofensivo, para compreenderem melhor suas raízes de insegurança e de baixa auto-estima que estimulam o desejo de agredir; as vítimas precisarão aprender a lidar com a energia da própria raiva para serem mais assertivas e firmes em sua autodefesa; os observadores das agressões precisarão compreender melhor como se deixam intimidar pelas ameaças que os fazem silenciar e desenvolver a percepção da força do grupo para construir uma rede solidária que não aceita abusos e agressões.

Reconhecendo a necessidade de contribuir para a transição da cultura da violência para a cultura da paz, a UNESCO incentivou milhares de escolas em mais de cem países a fazerem parte do PEA (Programa das Escolas Associadas), que se dedica a ajudar crianças e adolescentes a desenvolver habilidades de resolver conflitos por colaboração, estimulando a compreensão, a tolerância e a solidariedade. Assim como a UNESCO, milhares de organizações no mundo inteiro estão concentrando esforços para consolidar a cultura da paz, com muitos pontos em comum.

Nos programas de prevenção da violência, os seguintes aspectos se ressaltam:

- ✗ Educação para a paz – resolver conflitos por meios não-violentos.
- ✗ Aprender a combinar mais para brigar menos.
- ✗ Desenvolver habilidades construtivas de relacionamento.
- ✗ Ampliar a empatia e os recursos de comunicação.
- ✗ Desenvolver o autocontrole da impulsividade.

Há situações particularmente desafiadoras a serem enfrentadas na família, na escola, no trabalho e nas comunidades. É muito difícil lidar com a mistura explosiva de raiva, inveja, ciúme e competição predatória quando atinge patamares que caracterizam a violência perversa, como acontece em ataques pesados do *bullying* (agressão entre alunos no ambiente escolar) ou do assédio moral no ambiente de trabalho. Nesse nível, como mostra Marie-France Hirigoyen, psicanalista francesa, o objetivo do ataque e da perseguição implacável é desestabilizar o outro e fazê-lo duvidar de si próprio, destruindo sua autoconfiança, demolindo sua auto-estima, principalmente fazendo uso das palavras que ferem e desqualificam. O assédio moral acontece entre colegas ou entre chefes e subordinados, e seu objetivo é infernizar a vida da vítima promovendo o terror psicológico, a ponto de fazê-la adoecer ou se demitir. As principais táticas são: sobrecarregar a pessoa de tarefas e não aproveitar os resultados do trabalho árduo, isolá-la do contato com os outros e espalhar fofocas que atingem sua reputação, tudo isso feito de modo repetitivo e durante muito tempo. É importante enfatizar que o assédio moral floresce em organizações com alto grau de conflitos interpessoais, ambiente de competição predatória, com baixo investimento em qualidade do relacionamento.

Seja na família, no trabalho ou nas relações entre vizinhos, a escuta sensível, juntamente com a colocação dos limites devidos, é um dos instrumentos mais eficazes para lidar com a agressividade dos outros, *"esvaziando o balão da raiva"*. O reconhecimento explícito dos sentimentos que alimentam a raiva, em muitos casos, é suficiente para acalmar a pessoa que está com os ânimos exaltados.

Jussara trabalha como conciliadora de uma grande administradora de imóveis e considera a escuta sensível como um dos recursos mais eficazes para o seu trabalho. Diz ela: "A velhinha que reclama incessantemente está, na verdade, precisando de calor humano para sua solidão; ela fica muito grata ao ser escutada com atenção; o jovem músico que estuda bateria e perturba os vizinhos com o barulho precisa ser primeiramente reconhecido em seu valor para depois ser chamado à ordem, para que tome as providências devidas. Procuro sempre entender as necessidades que não estão sendo atendidas para diminuir a raiva e as reclamações, porque o relacionamento entre vizinhos é de longa duração e não vale a pena alimentar brigas crônicas".

Remanejando as críticas e neutralizando a agressividade

Seja nas cenas do cotidiano da família e do trabalho em que os ânimos se exaltam, seja na função de negociador e de terceiro facilitador, é muito útil aprender recursos de comunicação para "jogar água na fervura", atenuando a hostilidade, em vez de colocar "lenha na fogueira" na escalada do conflito. A maneira mais eficaz de desarmar o adversário é fazer o oposto do que ele espera.

Desse modo, é possível, em muitas situações, desmontar a bomba da hostilidade. Na enfermaria de pediatria de um hospital público, ou mesmo na emergência pediátrica privada, é comum encontrar pais agressivos com a recepcionista que demora a atendê-los. Sob a raiva do ataque, há o desespero, a angústia, a intensa preocupação com o estado grave da criança. A sensibilidade e a empatia das pessoas de uma equipe de saúde lhes permitem enxergar com precisão o que está sob a raiva e responder a isso de modo apropriado, para fazer uma aliança de cooperação. Essa é a diferença entre a pessoa que presta um atendimento apenas tecnicamente correto e o profissional integralmente competente que presta uma assistência eficaz.

Atender pessoas que perderam entes queridos em colisões nas estradas ou em acidentes aéreos requer uma sensibilidade especial para confortar a dor do outro e tomar as providências necessárias. No entanto, para se defender do próprio desconforto diante do sofrimento do outro, muitos profissionais atendem de modo frio, impessoal ou até mesmo ríspido. A fronteira entre o desespero da perda e a raiva é muito tênue: parentes revoltados por se sentirem mal atendidos chegam a quebrar as instalações e agredir funcionários e, caso o atendimento insensível ou ineficaz não seja reparado, a indignação e a mágoa motivam processos contra as empresas e os profissionais envolvidos.

Reconhecer que as críticas de um cliente são, na verdade, dirigidas ao produto, serviço ou instituição é vital para os profissionais que trabalham nos SAC (serviço de atendimento ao cliente). Reclamações e queixas precisam ser encaradas como *feedback* útil para a melhoria de produtos e serviços. No entanto, quando o profissional encara as reclamações hostis e mal-educadas como um ataque pessoal, não conseguirá "esvaziar o balão da raiva" e atender satisfatoriamente. Na verdade, é alta a rotatividade dos que trabalham nesse setor, porque não é fácil trabalhar todo o tempo com consumidores insatisfeitos e revoltados.

Escutar com atenção e paciência as reclamações, demonstrando disposição para buscar a solução para o problema, é a maneira mais eficaz de neutralizar a raiva do cliente zangado e deixá-lo novamente satisfeito com os produtos ou serviços oferecidos.

O dicionário Houaiss apresenta vários significados para o verbete "crítica": avaliar e examinar minuciosamente; depreciar, censurar, condenar. Nesse sentido, "crítica construtiva" é uma expressão estranha; ouvir críticas para a maioria das pessoas é, no mínimo, desconfortável. Mas como podemos aproveitar o potencial da crítica como *feedback* que nos conduza a um melhor desempenho e como oportunidade de refletir e abrir caminhos de aperfeiçoamento? Em muitas situações, nosso sentimento de desconforto provoca reações ineficazes, que podem piorar o conflito. As maneiras mais comuns de reagir de modo ineficaz às críticas são:

- ✗ Evitar a crítica, mudando de assunto ou fazendo de conta que nem ouviu – na esperança de "esfriar os ânimos", a pessoa disfarça como pode, introduz na conversa um tema "leve", por considerar a crítica como uma bomba ou uma declaração de guerra.

- ✗ Negar a validade da crítica, em vez de escutar melhor o que o outro tem a dizer – a "falsa lembrança" é o argumento mais utilizado nessa estratégia de lidar com a crítica ("você está exagerando, se me atrasei esse mês foram no máximo duas vezes..."); apresentar-se como injustiçada serve ao mesmo propósito ("por que sempre sou eu a culpada por tudo o que sai de errado? Você não viu o que os outros fizeram?").

- ✗ Dar desculpas, justificando seu comportamento antes mesmo que a pessoa acabe de falar – a esperança é atenuar as críticas sentidas como cobrança ou acusação, argumentando que não dispõe de meios para realizar a tarefa ("com esse equipamento obsoleto, não tenho condições de fazer um trabalho de qualidade"), ou alegando falta de tempo para cumprir o combinado ("você não imagina a quantidade de coisas que eu tenho para resolver...").

✗ Rebater imediatamente com outra crítica (contra-ataque) – a pessoa que costuma utilizar a técnica de "virar o jogo" consegue habilmente passar de acusada a acusadora; com isso, tenta escapar de toda e qualquer responsabilidade ("a culpa é dele, não posso fazer nada") e se livrar do sentimento de culpa ("você também faz coisas erradas").

Em contraposição, podemos lidar com as críticas manifestando reconhecimento e respeito pelas diferenças entre nós e os outros que nos criticam. Desse modo, podemos aproveitar a crítica como contribuição: o que preciso melhorar? O que posso desenvolver? Como transformar uma crítica feita de modo agressivo ou hostil numa crítica aproveitável? Para perceber melhor a contribuição das críticas, podemos utilizar a imagem da escada para valorizar cada degrau que subimos na direção desejada ("quero ser menos impulsiva", "quero superar minha timidez").

Fazemos críticas impiedosas a nós mesmos quando nos depreciamos e até nos xingamos: "Sou burra, idiota, como fui entrar numa dessas?" Paralisados pela autocrítica demolidora, nos flagelamos e nos atacamos. E, assim, nos tornamos incapazes de pensar: "Como posso melhorar?".

Como transformar uma crítica demolidora, feita de modo agressivo ou hostil, numa crítica aproveitável? Para verdadeiramente "esfriar os ânimos" e, em momentos propícios, aprofundar o diálogo, podemos desenvolver maneiras construtivas de lidar com as críticas, tais como:

✗ Pedir detalhes fazendo perguntas abertas.

✗ Concordar com alguns elementos da crítica.

✗ Reconhecer e mostrar que aceitamos que a pessoa tem o direito de ter opinião própria, embora não concordemos com ela.

Compare os seguintes trechos de diálogos:

– Você nunca me dá atenção!

– Você é que quer me alugar o tempo todo, quem você pensa que é, a rainha do mundo?

– Você nunca me dá atenção!

– Em que momentos você acha que eu não te dou atenção?

– Você vai sair para dançar no meio da semana? Vai chegar atrasada no trabalho!

– Nem todo mundo é como você, que tem que dormir oito horas seguidas!

– Você vai sair para dançar no meio da semana? Vai chegar atrasada no trabalho!

– É, vai ser duro ouvir o despertador, mas amanhã eu vou dormir mais cedo.

– A empresa está mal administrada, só você não vê!

– Não é a empresa que vai mal, é o país que está péssimo, e aí não tem jeito...

– A empresa está mal administrada, só você que não vê!

–Você certamente tem bons motivos para pensar assim, mas os indicadores dos últimos três anos mostram um desempenho razoável.

Esse modo de lidar com as críticas é muito eficiente para neutralizar a agressividade dos outros para conosco. Quando ouvimos com serenidade uma crítica áspera e respondemos firmemente pedindo detalhes e concordando com alguns elementos da crítica, conseguimos desarmar o comportamento hostil. Ao pedir à pessoa dados mais específicos que justifiquem a crítica, poderemos captar com mais clareza o que ela realmente deseja. Recriminações genéricas também podem ser esvaziadas quando pedimos exemplos concretos que ilustrem as queixas contidas na crítica.

William Ury dá sugestões preciosas para lidar eficazmente com críticas agressivas:

- ✗ Não contra-ataque: quando o outro declarar suas posições, não as rejeite.
- ✗ Quando ele atacar suas idéias, não as defenda.
- ✗ Rompa o círculo vicioso recusando-se a reagir: esquive-se do ataque e desvie o oponente para o problema.
- ✗ Busque os interesses subjacentes à posição do oponente e procure melhorá-la.
- ✗ Considere as críticas como contribuições e peça "conselhos".

✗ Reformule o ataque a você como um ataque ao problema.

Para complementar a estratégia de neutralizar a agressividade dos outros, podemos expressar o que sentimos, sem acusação, contracrítica ou reclamações queixosas. Por exemplo:

– Suas atitudes estragaram completamente o treinamento!

– Gostaria que você especificasse exatamente o que você não gostou. Eu fico muito desestimulada quando você dá a entender que não viu nada de bom no que eu fiz!

Podemos aumentar nosso poder de modificar comportamentos de outras pessoas utilizando esta seqüência:

✗ Evite generalizar ("sempre/nunca").

✗ Descreva a situação que o incomoda ("quando você....").

✗ Diga o que sente, sem acusar, censurar ou se queixar do outro ("eu me sinto....").

✗ Expresse suas expectativas com relação à conduta do outro ("por isso eu gostaria que...").

Compare:

– Você sempre chega atrasado para o jantar e nem tem a consideração de me avisar!

– Quando você se atrasa para o jantar e não me avisa, fico danada da vida! Pegue o telefone e fale comigo, para eu não ficar morrendo de fome e com raiva de você!

Essas reflexões sobre as críticas podem facilitar o entendimento do "circuito interativo": o que um faz influencia o que o outro faz e vice-versa. Se a mãe critica o filho por ele não arrumar o quarto, mas coloca tudo no lugar sem esperar que ele o faça (circuito do "reclama, mas faz"), o filho acaba não arrumando coisa alguma porque sabe que a mãe não vai agüentar ver a bagunça por muito tempo.

Como Dora e Jorge Schnitman, psicóloga e sociólogo argentinos, enfatizam, é útil *refletir sobre a "cultura burocrática" (especialista em dar explicações tranqüilizantes) para transformá-la em "cultura gerencial" (especialista em produzir resultados)*. Quando estamos presos a "idéias-cárcere", precisamos criar "idéias-chave" que nos libertem da impossibilidade de alcançar as metas propostas. Queixas e justificativas são substituídas por busca de soluções, adotando critérios de responsabilidade compartilhada. Em vez do pingue-pongue de ataques e contra-ataques, desenvolvemos a postura madura que diz: "criamos esse conflito juntos e juntos encontraremos uma saída".

Os estragos da mágoa e o poder do perdão

Sebastião procurou seu chefe por ter se sentido maltratado por um colega. Sem se dispor a ouvi-lo, o chefe simplesmente disse: "Se não estiver satisfeito, procure outro lugar para trabalhar". Magoado, Sebastião sentiu-se desmotivado e teve notável queda de produtividade.

Tiago é o diretor comercial da empresa da família. Seu pai é o presidente e tem muita dificuldade de compartilhar

A boa raiva

o poder e de acreditar na competência dos filhos. Com isso, desautoriza Tiago diante de seus subordinados e nas reuniões de diretoria. Em vão, Tiago reclama dessa atitude do pai e, magoado com ele, preferiu sair da empresa.

Há pessoas que guardam as mágoas por muito tempo e acham impossível esquecê-las. Isso é tóxico, como expressa uma frase que circula pela Internet, de autor desconhecido: "Guardar ressentimento é como tomar veneno e esperar que a outra pessoa morra".

No entanto, mesmo sem se esquecer do episódio que causou a mágoa é possível libertar-se dela.

Mágoas e ressentimentos não-resolvidos ocupam espaços indevidos em nossa mente e em nosso coração, contribuindo para o surgimento de doenças físicas, emocionais e espirituais. Fred Luskin, doutor em aconselhamento clínico e psicologia da saúde, em seu livro *O poder do perdão*, nos convida a refletir sobre duas imagens muito úteis. Na primeira, pede que imaginemos que nossa mente é como um apartamento em que podemos ter vários inquilinos: qual o espaço que escolhemos alugar para a alegria, a esperança, o reconhecimento das coisas boas da vida, e para a mágoa, o rancor, o ódio? Muitas pessoas alugam a sala e a melhor suíte para a mágoa, e deixam a gratidão e o reconhecimento das coisas boas confinados no quartinho dos fundos...

Na segunda, pede que imaginemos nossa mente como um aparelho de TV: qual o canal que selecionamos com mais freqüência? É o canal da beleza, da tragédia, da violência? Escolhemos o canal da mágoa ou o canal do perdão?

Em outras palavras: estamos escolhendo os canais que contribuem para o nosso bem-estar? Muita gente fica com o controle remoto emperrado no canal da mágoa, incapaz de selecionar os que mostram belas paisagens, música, filmes românticos...

Ao afirmar que "guardar rancor faz mal à saúde", Luskin nos estimula a expandir nossa capacidade de perdoar. O perdão é um modo de recuperar nosso poder e nossa liberdade, assumindo a responsabilidade pelo que sentimos, saindo da prisão do passado e das acusações eternas. Cultivar mágoas e ressentimentos nos deixa paralisados: com isso, perdemos a mobilidade indispensável para caminhar pela vida. Nas palavras do autor: "Só porque alguém o fez sofrer não significa que você tenha que sofrer indefinidamente". Períodos ruins surgem na vida de todos nós: há pessoas que nos desencantam, nos decepcionam, deixam de fazer o que esperamos que elas façam, fazem coisas que nos desagradam, enraivecem ou entristecem. É inevitável sentir tristeza, mágoa e chateação, mas vamos pensar ou falar nisso o tempo todo? Vamos atravessar o caminho difícil ou ficar atolados no lamaçal da mágoa, do rancor e do ódio? Eternizar o sofrimento não é da responsabilidade de quem nos fez sofrer: é nossa escolha.

Luskin é muito cuidadoso ao definir o que o perdão não é: não é esquecer algo doloroso que aconteceu, nem desculpar o mau comportamento da pessoa que nos magoou; não é negar o sofrimento nem ter de se reconciliar com a pessoa que nos fez sofrer. Mas perdoar é uma escolha que fazemos para sair da condição de vítimas do passado, é reconhecer que o sofrimento faz parte da vida (mas não tem de ser eterno), que nem sempre as pessoas fazem aquilo que esperamos delas. Podemos decidir nunca mais falar com o ex-cônjuge que nos maltratou ou com o amigo que traiu nossa confiança, mas, quando eternizamos a mágoa, continuamos a "conversar" com essas pessoas dentro de nós, correndo o risco de desacreditar o amor e a amizade dos demais.

Com o perdão, reconhecemos o passado, mas continuamos a caminhar pela estrada da vida com a capacidade de aproveitar as belas paisagens; apesar da mágoa e da desilusão, nos esforçamos para apreciar e aproveitar o lado bom das coisas e de muitas outras pessoas que nos cercam.

Por fim, ao reconhecer que ninguém é perfeito, é possível também desenvolver a capacidade de perdoar a nós mesmos, porque também já desagradamos, decepcionamos ou machucamos outras pessoas; também já fizemos coisas indevidas ou deixamos de fazer algo que deveríamos. Eternizar uma postura de auto-recriminação, nos condenar à prisão perpétua da culpa é tirar de nós a possibilidade de reconhecer nossos erros, aprender com eles e, dentro do possível, reparar os danos que causamos. Podemos aprender a lidar com o sofrimento e a raiva de modo que seja possível atravessar com mais força as experiências difíceis da vida.

O perdão e a reconciliação fazem parte do processo de reconstrução da paz entre pessoas, grupos e nações: quando o conflito se torna muito extenso e prolongado, é preciso tempo e esforço para transformá-lo e tornar possível a reconstrução da confiança perdida.

E o que de melhor pode acontecer com Diana, Henrique e Afonso?

A raiva surge em muitos momentos do cotidiano das famílias, quando as pessoas se sentem frustradas em seus desejos ou quando não conseguem se fazer entender. No entanto, há maneiras de expressar a raiva que são muito ineficientes para atingir os objetivos alcançados. Se Diana, por exemplo, se dirigisse aos filhos aos berros, com ameaças de castigos ou se mostrando desesperada e descontrolada diante da desobediência, estaria transmitindo aos filhos a impressão de ter perdido as rédeas da autoridade materna, o que costuma incentivar as crianças a continuar provocando e desafiando os limites, pelo prazer de poder desestabilizar os adultos, deixando-os sem saber o que fazer. O que de melhor pode acontecer com Diana é persistir na coerência entre o que diz com as palavras, o que expressa com seu olhar e o que faz ao estabelecer as conseqüências combinadas, percebendo que educar filhos é uma tarefa fascinante e complexa, especialmente quando se trata de crianças agitadas, que demoram mais a construir o controle da impulsividade, indispensável para aprender que nem sempre é possível fazer o que se quer na hora em que se deseja.

Henrique está caminhando nesse processo de aprender a "tomar conta da raiva antes que a raiva tome conta dele".

Como acontece com Afonso, muitos adultos não conseguem completar esse processo. Mas se Henrique persistir no esforço de melhorar sua capacidade de argumentação para fazer bons acordos com os colegas, aprender que os outros também têm direito de escolha, perceber que mesmo quando suas idéias de brincadeira são recusadas ele pode continuar sendo aceito, conseguirá acreditar no poder das palavras e verá que tentar resolver os problemas "no tapa e no grito" não o levará para onde ele realmente quer chegar. Seus pais e professores podem ajudá-lo estimulando-o a pensar no que poderia ter sido feito em vez de reagir à frustração batendo e xingando: o aumento da capacidade de reflexão contribui para o processo de controle da impulsividade.

O que de melhor pode acontecer com Afonso é criar coragem para iniciar uma psicoterapia, juntamente com outros recursos (medicação, meditação, participação em trabalhos com grupos de agressores, por exemplo), para conseguir desenvolver uma melhor compreensão do que o leva a ser tão explosivo, para, desse modo, evitar as enormes perdas que isso acarreta em sua vida familiar, social e profissional. Será importante também que ele desenvolva a humildade de reconhecer suas dificuldades e pedir desculpas, fazendo o que estiver ao seu alcance para reparar os danos causados quando "bate com as palavras". Muitos se refugiam na afirmação "eu sou assim mesmo e quem quiser que me ature", negando a possibilidade de mudança que todos nós temos em qualquer época da vida. É isso que nos possibilita vir a ser melhores do que atualmente somos.

A riqueza da comunicação no reino dos sentimentos 5

— Falar sobre o que sentimos não é perda de tempo?
— Não, porque quando dificultamos a expressão apropriada dos sentimentos podemos bloquear o processo de resolver conflitos.

✗ Luíza trabalha em horário integral e quer fazer uma especialização para ampliar suas oportunidades no mercado de trabalho; mas seu marido reclama que ela está muito ausente e o filho pequeno a solicita demais quando ela entra em casa.

✗ Bernardo sempre foi uma criança alegre e com bom desempenho escolar. Mas quando o pai foi transferido para outra cidade, teve dificuldades de ser aceito na nova turma, porque o "líder" não deixava que as outras crianças o incluíssem nas brincadeiras por ele ter "cor de sujeira". Com medo de falar sobre o problema, Bernardo dizia que não queria ir para a escola e seu rendimento começou a cair. Felizmente, a professora presenciou um episódio de

O bom conflito

exclusão de Bernardo e percebeu a necessidade de abordar o tema do racismo com os alunos.

✗ Em meio ao planejamento de um novo treinamento de capacitação das equipes de vendedores, a gerente de Suzana pediu que ela preparasse um texto para o jornal interno da empresa, falando sobre o projeto. O texto foi e voltou seis vezes, com críticas insistindo para que as idéias fossem veiculadas ou com mais criatividade, ou com outro tipo de frases, ou... E nem uma palavra de apreciação. No final do dia, sem tempo para cuidar do planejamento do treinamento, Suzana estava enfurecida com sua gerente e inteiramente desmotivada com o trabalho.

O que Luíza precisará fazer para resolver os múltiplos níveis do conflito (consigo mesma, com o marido e com os filhos)? Como a escola e a família de Bernardo poderão atuar para protegê-lo do *bullying* e fortalecê-lo para enfrentar o preconceito? Quais os recursos de comunicação que Suzana precisará desenvolver para não permitir que as críticas agressivas de sua gerente a deixem tão desmotivada?

Os canais da comunicação

Embora muitos conflitos nasçam de profundas diferenças de valores, de cultura ou de estrutura de vida (sendo, por isso, mais difíceis de resolver), as falhas e as distorções da comunicação estão na raiz da maioria dos conflitos. *A comunicação acontece nas interações e tem grande influência na intensificação, na redução e na prevenção do conflito.*

A solução de conflitos depende, em grande parte, da clareza e da eficácia da comunicação. A base fundamental é saber escutar com sensibilidade e atenção, transmitindo à outra parte que entendemos suas mensagens. Com isso, construímos um diálogo fértil, que forma uma relação de confiança e de respeito apesar das discordâncias.

Na negociação e na mediação, é importante reconhecer as emoções; caso contrário, as pessoas ficam empacadas, não se movem de suas posições, se irritam, ficam enraivecidas. Como a raiva é uma reação secundária, é importante focalizar o que está em sua origem (por exemplo, mágoa, ressentimento, humilhação, medo). No reino dos sentimentos, há muitos labirintos em que tristezas, raivas, alegrias, frustrações, medos e esperanças se mesclam e se transformam uns nos outros. Aprender a percorrer esses labirintos é essencial para lidar com os conflitos.

Assim como acontece com o autoconhecimento e o autodesenvolvimento, é possível aprimorar nossas habilidades de comunicação desde a infância até a velhice. *Na comunicação, consideramos três canais principais: palavras, expressões corporais e atos.* Em outras palavras, componentes verbais e não-verbais. Quando há incoerência e inconsistência entre esses canais, o que mais rapidamente perde a credibilidade é a palavra.

Adriana trabalha numa empresa que adotou a política do horário flexível. Diz que, embora esse método seja teoricamente bem aceito, na prática percebe olhares de censura quando sai mais cedo, mesmo tendo cumprido todas as tarefas. Edite, por mais que censure os filhos, que deixam os copos sujos na pia, acaba ela mesma lavando porque não agüenta ver a cozinha em desordem; desse modo, transmite a mensagem de que eles não precisam se responsabilizar por isso.

O bom negociador e o terceiro facilitador eficiente precisam sempre exercitar sua capacidade de ler nas entrelinhas das mensagens e decifrar a linguagem das condutas. Com isso, aumentam o poder de transformar sentimentos e aprofundar o diálogo, criando um clima de confiança e bem-estar.

Percebendo o clima de tensão e insatisfação entre os trabalhadores de um estaleiro, Jorge Luís resolveu adotar o que denominou a "estratégia pão com mortadela": passou a participar da hora do lanche, conversando com eles descontraidamente. Desse modo, foi possível estimulá-los a expressar insatisfações e fazer sugestões para aumentar a eficiência no trabalho, melhorando a qualidade de relacionamento com a equipe.

Aprimorar a percepção de que nos comunicamos com palavras, expressão corporal e atos, juntamente com a sensibilidade para captar as características das pessoas com as quais interagimos é um instrumento precioso para melhorar a qualidade do convívio. Quando não percebemos claramente esses indicadores, acabamos criando dificuldades desnecessárias. Por exemplo: numa empresa, os funcionários mais velhos do setor de cobranças queixavam-se do supervisor, um jovem com menos de 30 anos, por ser informal demais, utilizando uma linguagem que ofende as pessoas e cria constrangimentos.

Para Dora e Jorge Schnitman, as novas formas de comunicação consideram as diferenças como uma multiplicidade de vozes, mais do que como posições rivais. A diversidade de linguagens, experiências e culturas inspiram a resolução alternativa de conflitos, um novo paradigma da comunicação. É possível utilizar o diálogo como meio de criar soluções satisfatórias e transformar as relações entre pessoas e grupos. Criar o que é possível a partir do que existe.

Desse modo, fazemos a transição do paradigma ganhar-perder (disputa, litígio) para a co-participação responsável, resolvendo o conflito pela busca de consenso (ganhar-ganhar). O diálogo transformador enfatiza a responsabilidade relacional, a expressão pessoal, a valorização do outro, a coordenação, a reflexão e a criação conjunta de novas possibilidades.

Aperfeiçoando a escuta sensível

A escuta sensível é também chamada escuta dinâmica, escuta atenta ou escuta ativa. *A boa escuta é considerada a mãe das formas eficazes de comunicação.* A diferença entre ouvir e escutar é que ouvir é uma atividade biológica e escutar é um processo mais complexo, que exige esforço cerebral. É uma habilidade que, com paciência e persistência, pode ser aperfeiçoada no decorrer da vida.

O bom conflito

Escutar com sensibilidade é um instrumento extremamente útil no relacionamento familiar e no trabalho. Por exemplo, escutar o cliente para entender suas necessidades mais pertinentes é essencial para mantê-lo fiel ao produto ou serviço que a empresa ou o profissional oferece. A fórmula infalível para perder o cliente é tratá-lo com indiferença e fazer pouco caso de suas reclamações. Num mundo de grande concorrência, em que produtos de qualidade equivalente são abundantemente colocados no mercado, o diferencial é a qualidade do relacionamento: para encantar o cliente é essencial colocar-se na perspectiva dele e satisfazer suas necessidades.

Quando ouvimos com empatia nos colocamos no lugar do outro (filhos, clientes, amigos, pessoas amadas), imaginando como vê, pensa e sente. É esse modo de ouvir e responder que aumenta a confiança e a compreensão. Quando o outro se sente ouvido, fica mais propenso a escutar. Quando se sente compreendido, tende a atenuar atitudes beligerantes e críticas ácidas.

Os efeitos principais desse tipo de escuta são:

- ✗ Aumentar a confiança e o respeito.
- ✗ Encorajar a expressão de sentimentos.
- ✗ Reduzir tensões.
- ✗ Estimular a colaboração para a solução do problema.

A mensagem da escuta sensível é: "Entendo o seu problema e como você se sente, estou interessado no que você tem a dizer sem julgá-lo".

A riqueza da comunicação no reino dos sentimentos

Escutar não é apenas ouvir o que a outra pessoa está dizendo, mas procurar captar as mensagens latentes, os sentimentos subjacentes ao que está sendo dito. *Ou seja, perceber o texto expresso pelas palavras e o subtexto revelado pelo tom de voz, pelas linhas do rosto, a postura do corpo e outros indicadores não-verbais.* Da mesma forma que podemos, durante toda a vida, expandir nossa sensibilidade para escutar música (ouvir os matizes dos vários instrumentos de uma sinfonia, ou os detalhes do solo da bateria num improviso jazzístico), também podemos aprimorar nossa sensibilidade para a escuta sensível e profunda do que o outro nos comunica, pelos diferentes canais verbais e não-verbais.

Isso nos permite entrar no complexo território dos sentimentos que ocorrem simultaneamente. Uma mesma situação pode despertar em nós, ao mesmo tempo, a sensação de felicidade, tristeza, raiva, inveja, vergonha. No reino dos sentimentos, predomina a ambigüidade, a ambivalência, a contradição.

Nem sempre é simples perceber o subtexto: às vezes, nos enganamos, fazemos hipóteses erradas, interpretamos mal os sinais. Essa é a origem de muitos mal-entendidos nos relacionamentos.

A boa escuta é um instrumento valioso para abrir caminhos de resolução de conflitos. Na experiência de Adilson, que atua num Centro de Mediação Comunitária, há muitos casos em que a pessoa chega e só fala, despeja mágoas com relação ao patrão, ao companheiro ou aos filhos, chora, desabafa, depois se alivia, agradece e vai embora dizendo que está se sentindo melhor.

No início do processo de mediação, quando ouvimos o relato das pessoas em conflito, a observação atenta das mensagens manifestas e latentes nos permite "ver" além das posições e da insatisfação, descobrindo os interesses que precisam ser atendidos. Precisamos, então, manifestar nosso entendimento para criar o clima de confiança: podemos fazer isso sintetizando o que cada pessoa diz, parafraseando, ou pedindo mais detalhes para ampliar o exame da perspectiva que cada uma traz sobre o problema em questão.

O síndico de um prédio passou a receber muitas reclamações dos vizinhos de um músico que começou a fazer os ensaios de sua banda no apartamento. O proprietário também passou a ser pressionado para insistir com seu inquilino que providenciasse outro local para os ensaios. No entanto, o músico precisava trabalhar, sempre havia sido um ótimo inquilino e um vizinho simpático, que não criava problemas. Ouvindo atentamente o ponto de vista de cada uma das partes envolvidas, o síndico conseguiu facilitar a construção de um acordo que deixou todos satisfeitos: inquilino e proprietário resolveram dividir o custo de uma proteção acústica no quarto em que a banda ensaiava, de modo a não perturbar os vizinhos nem impedir o trabalho do músico.

A escuta sensível, portanto, ajuda a esclarecer quais as necessidades, desejos, preocupações e temores que compõem os interesses que estão subjacentes às posições. Tanto os interesses comuns quanto os divergentes podem constituir bases de acordo. *É importante lembrar que diferença nem sempre significa incompatibilidade.* E também saber que os interesses mais importantes correspondem às necessidades emocionais básicas: sentir-se seguro, aceito, reconhecido e capaz de gerenciar sua própria vida. A negociação (assim como a mediação e a conciliação) empaca quando as pessoas sentem que suas necessidades básicas estão sendo ameaçadas.

Portanto, a escuta ativa ou sensível é uma forma de ouvir e responder a outra pessoa de modo a melhorar o entendimento mútuo. Habitualmente, quando as pessoas conversam, não se escutam atentamente. Quando discutem, só pensam em fortalecer seus argumentos e mal prestam atenção à fala do outro. A escuta sensível evita interpretações incorretas porque a pessoa precisa dizer o que entendeu a partir do que a outra disse.

Ao declarar que cada um vai falar sobre a sua visão do problema sem que o outro interrompa, o mediador escuta atentamente: quando há uma grande diferença quanto à definição do problema, tentará chegar, juntamente com as pessoas em conflito, a uma nova definição com pontos em comum para facilitar a busca de soluções satisfatórias.

Os negociadores eficientes escutam mais do que falam. E, quando falam, preocupam-se em mostrar ao outro que entenderam o que disse; mostram também que respeitam o ponto de vista dele como válido, embora não concordem com ele.

Em políticas públicas e na construção de programas de governo, a sensibilidade da escuta é fundamental: quando o poder público não escuta a comunidade, acha que sabe do que ela precisa. Mas sem metodologia participativa, não pode haver parceria eficaz. O poder público acaba impondo programas que não atendem as reais necessidades da comunidade: "Mas não é isso que a gente quer!". Sem a escuta sensível, o poder público acha que tudo sabe, com soluções geradas de cima para baixo.

Outro exemplo de falta de escuta quando as "soluções" são colocadas de cima para baixo: a prefeitura insistiu em colocar uma lona cultural numa área de conflitos entre duas facções rivais numa favela do Rio de Janeiro. Resultado: ficou sem público.

Referir-se aos sentimentos latentes nas mensagens ajuda a transformá-los e, por conseguinte, desfazer bloqueios e paralisações no contato. Discordância, desconfiança, dificuldades intensas podem bloquear o andamento de metas importantes nos projetos, sejam eles na área social ou dentro de uma sala de aula. Foi o que aconteceu com Mercedes, professora de matemática, que relata a transformação do clima "professora X alunos" para "professora e alunos": recebeu uma turma muito desmotivada, os alunos ficavam conversando e a aula não rendia. Ela parou de dar a matéria e propôs uma conversa em que escutou os alunos e percebeu suas necessidades reais – isso facilitou seu trabalho para ensinar a matemática ligada à vida prática, em que os conhecimentos transmitidos fizessem sentido. Com isso, a turma ficou motivada e interessada em aprender.

A escuta sensível é um instrumento eficaz para captar os níveis latentes e manifestos dos conflitos. As pessoas costumam comentar que "brigaram por besteiras": o motivo explícito da briga é apenas a fachada, o que realmente alimentou a divergência foram sentimentos ocultos ou não admitidos, tais como inveja, ciúme, insegurança, ressentimento. Brigas familiares por quantias irrisórias ou diferenças mínimas na partilha de bens de uma herança, por exemplo, encobrem níveis de conflitos latentes muito importantes que precisam ser eficazmente compreendidos com a ajuda da escuta sensível. Desse modo, é mais fácil decifrar a "mensagem" das brigas intermináveis e aumentar a probabilidade de que as pessoas encontrem modos mais satisfatórios de chegar a um acordo. Podemos, portanto, ver o próprio conflito como uma mensagem a ser decodificada.

Após a leitura do testamento em que os imóveis e outros objetos de valor foram partilhados de modo justo, três irmãs começaram a brigar pela divisão de uma toalha de mesa que costumava ser usada quando a família se reunia em datas festivas. O mal-estar inicial foi crescendo a ponto de provocar graves acusações e ofensas recíprocas, em especial entre as duas mais velhas, que acabaram deixando de falar uma com a outra.

Sem alguém para lidar com o conflito por meio da escuta sensível, torna-se difícil entender essa mistura entre sentimentos e objetos. O valor afetivo pesa mais do que o material; o sentimento de estar sendo prejudicado ou injustiçado, assim como ciúmes históricos e rivalidades fraternas manifestam-se por meio das brigas para ver quem fica com o faqueiro, os lençóis, as toalhas. Além disso, para muitas pessoas, a raiva atiçada pelas disputas é mais tolerável do que sentir a tristeza pela morte de um ente querido ou pela separação. Nesse sentido, a briga anestesia a dor. Quando esses sentimentos subjacentes não são compreendidos, o conflito cresce e corre o risco de se tornar intratável por não haver acordo possível.

As "correntes subterrâneas" de sentimentos misturados (como, por exemplo, a "admireja", que expressa a fina linha divisória entre admiração e inveja) alimentam uma infinidade de conflitos e até mesmo de sabotagens a programas e projetos promissores. "Se não quer ajudar, faça o favor de não atrapalhar": mas o ciúme, a luta pelo poder, a rivalidade e a ameaça de ver um colega em destaque por suas contribuições acabam criando um clima de tensão e desconforto no ambiente de trabalho que pode resultar em conflitos de difícil manejo. A escuta atenta nos ajuda a perceber os "ingredientes do recheio" desse bolo, sendo, portanto, um instrumento essencial para a transformação dos conflitos.

Aprimorar a escuta sensível é essencial no trabalho de ouvidoria que muitas organizações estão adotando não só para o público externo como também para o interno. Ao abrir um canal eficiente para a expressão de queixas e insatisfação é possível manter a fidelização de clientes e evitar a alta rotatividade dos colaboradores. Os clientes passam a falar mal das empresas e dos profissionais que colocam os seus próprios interesses em primeiro lugar, negando a validade das críticas e reclamações e tentando minimizar as queixas, sem dar a elas a devida atenção. Foi o que aconteceu com Aldo, que encomendou uma cozinha planejada a uma empresa bem conceituada no mercado. Ficou desapontado ao perceber que houve um erro no projeto, porque não conseguia abrir a porta da geladeira, imprensada entre dois armários. Percebendo o "jogo de empurra" entre o setor de planejamento e o de execução do projeto, ficou furioso com a visita do técnico que lhe sugeriu a idéia absurda de se contentar com uma abertura parcial da porta da geladeira. Com a nítida sensação de que os funcionários queriam se livrar do problema em vez de atendê-lo adequadamente, Aldo passou a contra-indicar os serviços da empresa a todos os amigos e entrou com uma queixa num órgão de defesa do consumidor.

As perguntas como bússola

As perguntas são como bússolas que nos guiam pelo território complexo do conflito, permitindo um maior entendimento das questões. O modo de formular a pergunta determina a resposta que vamos obter. Para que o mediador facilite o diálogo é fundamental que ele faça boas perguntas, convidando os participantes a falarem a partir de sua própria experiência, procurando descobrir as preocupações em comum. *O principal desafio é estimular os participantes a deixar de pensar apenas em si mesmos e passar a pensar no sistema de interações do qual fazem parte.*

Marines Suarez, Dora e Jorge Schnitman são alguns dos autores que mais detalharam os tipos de perguntas úteis na área de manejo de conflitos. Didaticamente, podemos dividir as perguntas em dois grandes grupos:

- ✗ Exploradoras (úteis para obter informações e definir o problema. O mediador, com curiosidade saudável,

O bom conflito

começa a explorar um território desconhecido) – perguntas fechadas, abertas, esclarecedoras.

✗ Transformadoras (ajudam a redefinir o problema, mudando o ângulo de visão) – perguntas reflexivas, circulares ou sistêmicas, hipotéticas ("pergunta do milagre").

Marines Suarez ressalta que as perguntas úteis são as que estimulam a reflexão para que as pessoas consigam ver a situação de outros ângulos.

Há muitos tipos de perguntas que utilizamos em nossa comunicação, porém, as que menos devemos usar são as perguntas fechadas, que motivam respostas lacônicas (sim/não) que pouco contribuem para ampliar a visão da área. As perguntas abertas (como, quem, onde, quando, de que modo, o que motivou você a ...?) convidam a pessoa a desenvolver os tópicos contando sua própria versão da história.

As perguntas circulares também são muito úteis para o entendimento da influência recíproca, examinando com mais detalhes a interação. Ajudam a pessoa a se colocar no lugar dos outros e a perceber que suas ações podem melhorar ou piorar a situação (por exemplo: "Quando você pediu pela terceira vez que ele refizesse o trabalho, o que aconteceu"?; " O que você acha que ele pensa de tudo isso"?; "O que você faz quando sua filha xinga você"?). Servem para ajudar a expandir a percepção do outro: "O que acha que seu coordenador pensou quando você reagiu desse modo?"). *As pessoas precisam perceber que são parte do problema e também da solução.*

As perguntas reflexivas convidam a pessoa a olhar o seu relato sob outras perspectivas (por exemplo: "Em sua opinião, que ligação existiria entre esses dois fatos que você acabou de mencionar"?), estimulando a criação de novos padrões de comportamento. Esse tipo de pergunta é difícil de ser respondida automaticamente porque faz pensar. Pode estimular a visualização de conseqüências futuras caso o conflito não se resolva ("Se nada mudar entre vocês, o que acha que acontecerá dentro de dois anos"?). É útil também para explorar expectativas catastróficas: "O que de pior poderia acontecer?".

As perguntas hipotéticas ajudam as pessoas a pensar em cenários possíveis. Comumente, as pessoas se sentem num beco sem saída porque imaginam que existe apenas uma saída "certa" ou uma única solução possível para o problema. "E se...?" é a pergunta que faz pensar em outras possibilidades, estimulando novas idéias para abrir caminhos.

A "pergunta do milagre" é uma modalidade de pergunta hipotética, aplicável na fase de definir objetivos e soluções plausíveis. Foi muito utilizada pelo psicoterapeuta Steve de Shazer em sua abordagem centrada em soluções, e não em problemas. Costuma ser utilizada por muitos terapeutas de família, e também pode ser utilizada na mediação, para que as pessoas visualizem melhor os interesses que serão atendidos depois que o conflito se resolver. Consiste em convidar a um vôo de imaginação: "Se, num passe de mágica, de hoje para amanhã, esse problema deixasse de existir, como você descreveria sua vida?"; "Quais seriam as primeiras coisas que você perceberia?". Na verdade, a "pergunta do milagre" desdobra-se numa série de perguntas hipotéticas, cuja finalidade é revelar recursos possíveis de ação que ainda não foram colocados em prática e para explorar a visão de futuro, ou seja, a realidade que as pessoas desejam construir ("Como seria a família que vocês gostariam de ter?"; "Como seria o ambiente em que vocês gostariam de trabalhar em equipe?"). Alguns exemplos de perguntas hipotéticas a partir da "pergunta do milagre": O que você faria depois do milagre? Como os outros perceberiam que houve o milagre? Já aconteceu algo parecido em algum momento do passado?

Complementando a pergunta do milagre, as perguntas sobre contribuições pessoais também são de grande utilidade para estimular as pessoas a assumirem o poder pessoal de transformar a situação. Após definir as questões pelas áreas de interesses comuns ("O que querem alcançar?"), perguntamos: "O que acham que precisa acontecer para favorecer a mudança?". Tipicamente, a maioria das pessoas costuma listar o que os outros deveriam fazer para que a situação melhore ("meu marido deveria participar mais da educação das crianças"; "meu chefe deveria ser menos exigente"; "meu irmão tem de parar de implicar comigo"). Daí a importância da pergunta: "O que cada um de vocês pode fazer para alcançar a "meta desejada?", que coloca o foco na estratégia de trabalhar com cooperação, responsabilidade, iniciativa de mudança e ampliação de recursos.

Para isso, é preciso sair da "zona de conforto" criada pelo hábito de procurar culpados e fazer acusações (que azeda o clima do convívio e não resolve os problemas) para "meter a mão na massa" e trabalhar com a co-responsabilidade nas relações, representada pela consciência da contribuição de cada um para gerar boas soluções para impasses e conflitos. "Juntos criamos o problema e juntos encontraremos a solução".

Enfim, há muitas maneiras de fazer perguntas eficazes, inclusive para minar resistências. Por exemplo: quando perguntar "por que" não resolve, podemos tentar perguntar "por que não". Por que não fazer assim? Quando levantamos hipóteses, do tipo "e se...", estimulamos a discussão de opções, transformando a conversa difícil numa sessão de sugestões de idéias. Podemos também fazer perguntas para clarear padrões: "Por que você acha que isso seria justo?" Se o oponente rejeitar seu padrão, você pode desafiá-lo a apresentar um padrão melhor.

As tonalidades não-verbais das perguntas são importantes para fechar ou abrir os canais da comunicação. Num seminário sobre resolução de conflitos com a equipe de uma creche, um dos participantes comentou que, quando faz "perguntas contestadoras", sente que incomoda porque obriga os outros a sair da "zona de conforto". Outro participante retrucou que tudo depende da embalagem da contestação: quando é extremamente desafiadora, provocante ou até mesmo hostil, vai encontrar muita resistência.

A coragem de falar sobre o que está bom

"Ele só me critica, parece que eu faço coisas erradas o tempo todo"; "Não faço a menor idéia do que meus pais apreciam em mim"; "A gente tem mesmo essa mania de só meter o pau no governo". É muito mais fácil ver e apontar as falhas do que perceber, valorizar e, sobretudo, falar sobre o que está bom. Até mesmo nas psicoterapias tradicionais, o foco era colocado nas deficiências e nos problemas e não nas competências e nos aspectos saudáveis para serem expandidos. As abordagens psicoterápicas que colocam o foco nas competências têm se mostrado mais eficazes no trabalho com as famílias ditas "multiproblemáticas". E, nas empresas, o "foco na competência" tem sido valorizado como meio eficaz de promover a auto-estima dos colaboradores, aumentando a motivação no trabalho.

Os alicerces da auto-estima são construídos na infância. Porém, no decorrer da vida, passamos por transições em que nos sentimos fragilizados e inseguros, e precisamos ser apreciados para fortalecer a auto-estima e a autoconfiança. Ao apreciar a competência de crianças pequenas contribuímos para que formem um bom alicerce de auto-estima, fortalecendo a alegria de crescer e desenvolver novas habilidades. Se, além disso, transmitirmos a elas a importância de dizer explicitamente o que apreciam nos adultos, as ajudaremos a desenvolver o olhar de apreciação que valoriza os outros. Berenice, uma monitora de creche, observa que a equipe da cozinha fica muito feliz quando ela estimula as crianças a agradecerem a comida gostosa; ao mesmo tempo, as crianças ficam contentes quando percebem o efeito de seus comentários nos sorrisosdas funcionárias.

O principal temor de falar sobre o que apreciamos é "encher a bola", de modo que o outro fique se achando o máximo e pense que não precisa mais caprichar nem melhorar. Esse medo não nos permite dimensionar o poder do olhar de apreciação, a eficácia do reconhecimento das qualidades, da expressão de nossa admiração para melhorar a qualidade do relacionamento e abrir caminhos de resolução de conflitos. Mesmo numa relação problemática, ter a coragem de falar sobre o que está bom significa acreditar na possibilidade de abrir caminhos melhores, que permitam construir a relação que queremos ter.

Por outro lado, há pessoas que nem percebem o reconhecimento, não registram os elogios ou se sentem desconfortáveis quando explicitamente apreciadas. Só percebem as censuras e as desaprovações – preferem ficar "longe dos holofotes" por temerem ser muito exigidas ou invejadas se forem percebidas em suas qualidades.

Em relacionamentos empacados ou deteriorados por mágoas e ressentimentos crônicos, ter a coragem de falar sobre algo que apreciamos ou valorizamos tem o poder de amolecer resistências que enrijecem as posições hostis e abrir caminhos de conversa. Mas, para isso, é preciso ampliar o olhar e sair da percepção seletiva (só perceber e supervalorizar os defeitos, achando que essa é a totalidade da pessoa).

Em equipes de trabalho, focalizar o que está funcionando bem com o propósito de expandir essa área é uma abordagem bastante eficaz para colocar as metas seguintes para a evolução do trabalho ("isto está bom, e pode ficar ainda melhor"). Dessa forma, fica mais fácil encarar as dificuldades como desafios a serem superados pensando em conjunto novas possibilidades e saídas.

Littlejohn e Domenici, consultores de comunicação, consideram que o olhar de apreciação, ao buscar realçar os aspectos positivos de pessoas, grupos ou situações, utiliza essas qualidades como sementes para o crescimento e a mudança. Os disputantes, aumentando a consciência sobre o conflito, reconhecem que precisarão desenvolver novos padrões de relacionamento para encontrar uma boa saída para a situação em que se encontram.

Superar bloqueios, expressar-se com clareza

Quando as pessoas empacam nas respectivas posições, chegam a um impasse: se esse bloqueio não puder ser desfeito pela escuta sensível, se os interesses subjacentes às posições não forem devidamente mapeados pelas perguntas, não se consegue formular soluções satisfatórias.

Uma ONG que trabalha com saúde da mulher havia apresentado um projeto à Secretaria de Saúde para instalar um ambulatório de sexualidade que favoreceria a grande demanda da população atendida; no entanto, a responsável pela unidade cismou que a ONG teria de oferecer uma contrapartida, porque estaria lucrando com o projeto. Por isso, demandou a doação de um *datashow* para a capacitação dos profissionais. A diretora executiva da ONG apresentou todos os dados disponíveis para demonstrar que não estaria lucrando financeiramente com o projeto e que não dispunha de verbas para doar o equipamento; como contraproposta, ofereceu-se para alugar o *datashow* sempre que necessário. Infelizmente, a responsável pela unidade, impermeável a todos os argumentos, empacou em sua posição, a proposta não foi aceita e todos perderam, principalmente as usuárias do serviço, que continuaram sem ter sua demanda atendida.

Comumente, nas organizações, os sentimentos de competição, inveja pelas boas idéias de colegas ou ameaça de perder posição caso outros se destaquem faz com que bons projetos sejam abortados, engavetados, sabotados ou até mesmo interrompidos quando entram novos gestores. A "fogueira das vaidades" queima excelentes oportunidades...

Sentimentos ligados à história das pessoas podem formar bloqueios poderosos: em empresas familiares, bons negócios podem ser perdidos por conta de "criancices" de filhos adultos que se recusam a aceitar sugestões dos pais. A produtividade pode sofrer uma baixa expressiva quando se intensificam sentimentos de ciúmes e rivalidade entre irmãos que ocupam cargos na empresa: "Por que eu tenho de trabalhar mais do que ele? Se ele se dá ao luxo de passar uma semana sem aparecer na empresa, eu não tenho obrigação de ir para lá todos os dias!".

Na auto-expressão, procuramos dizer claramente o que sentimos, esperando que a pessoa cujo comportamento nos incomoda seja capaz de perceber que está perturbando e tome as providências necessárias. No entanto, nem sempre isso é suficiente e o outro precisa "provar do próprio veneno". Foi o que fez Luís Cláudio, que mora em um prédio em que as varandas se comunicam. Sua vizinha adora colocar o som nas alturas. Sempre que lhe pedia educadamente que reduzisse o volume, a vizinha dizia que a ela o som alto não incomodava. Num dia em que ela foi particularmente grosseira, Luís Cláudio colocou uma ópera de Wagner, com as caixas de som voltadas para a varanda da vizinha – só assim ela passou a diminuir o volume do som.

Mas a auto-expressão é um instrumento muito eficiente para inúmeras outras situações, inclusive para esclarecer como cada pessoa entende e define conceitos essenciais para o bom convívio. Por exemplo, José Eduardo mora em uma república de estudantes, longe da família. Teve problemas de "invasão de espaço", comum quando pessoas de hábitos diferentes se juntam sob um mesmo teto. Depois de acumular estresse e aborrecimentos, resolveu reunir os colegas para conversar claramente sobre como respeitar características pessoais dentro do espaço coletivo.

Há um aspecto essencial na auto-expressão: dizer claramente o que sentimos sem culpar nem acusar os outros. Quando enfatizamos a culpa, bloqueamos o diálogo e a possibilidade de trabalhar em co-responsabilidade e pensar em conjunto saídas para o impasse.

Quando o bloqueio é muito intenso e o conflito persiste, é preciso ser criativo para encontrar caminhos que conduzam a brechas que permitem superá-lo. A música pode ser um instrumento eficaz para dissolver bloqueios e transformar conflitos: mexendo com a emoção, exprime e modifica os sentimentos. Estela, uma professora de música, contou o caso de oito adolescentes de uma escola pública que destruíram a sala de aula, quebraram carteiras, picharam paredes. Foram trabalhados com músicas, acabaram fazendo composições próprias e peças de teatro, formaram um grêmio escolar e coordenaram outras ações de estímulo à iniciativa e à criatividade de muitos outros jovens.

A timidez constrói um muro poderoso que dificulta a expressão clara dos próprios desejos e necessidades. Isso faz com que a pessoa perca oportunidades preciosas, inclusive de negociar melhores contratos de trabalho. Foi o que aconteceu com Fabiano, um engenheiro de computação que trabalhava numa empresa de segurança de informação. Seu salário estava abaixo da média do mercado; no entanto, a empresa investia em sua capacitação. Fabiano queria pedir aumento do salário, mas não teve coragem de falar com seu chefe sobre isso. Recebeu outra oferta de trabalho, com um salário maior, mas sem oportunidades de aperfeiçoamento em sua especialidade. Resolveu pedir demissão, sem falar sobre os verdadeiros motivos de sua insatisfação.

É importante saber que a timidez não é uma sina: as pessoas tímidas podem aprender a se comunicar melhor, porque todos nós podemos aprimorar nossa clareza de comunicação durante toda a nossa vida.

Aprender a se expressar com clareza é uma arte que pode ser aperfeiçoada. Para isso, é preciso deixar de pensar que os outros têm obrigação de adivinhar o que queremos e o que sentimos. Aline vive magoada com o marido e acaba se afastando dele porque acha que ele deveria saber o que está acontecendo sem que ela precise dizer ("para bom entendedor, meia palavra basta"). A raiva embutida de Aline, alimentada pelas frustrações com seu marido, faz com que ela fique "de cara amarrada" em vez de tentar novos acessos ao diálogo. Comunicar-se por códigos ou esperar que o outro decifre olhares, gestos e "indiretas" é pedir demais.

A clareza de comunicação ajuda a resolver a maioria dos conflitos. A gerente de Marisa vive estressada, gritando com ela e outros membros da equipe. Em momentos mais tranqüilos, Marisa conversa com ela com tom de voz firme e incisivo, dizendo claramente o quanto a cobrança aos gritos a incomoda e prejudica sua produtividade. Isso é mais eficiente do que ficar emburrada ou "fazer corpo mole" no trabalho para se vingar do tratamento recebido.

Dizer o que sentimos com firmeza e serenidade, sem ofender, humilhar ou depreciar os outros é um instrumento essencial para a clareza de comunicação, que permite prevenir conflitos que surgem a partir de mal-entendidos.

Desfazendo boatos e mal-entendidos

Ações simples, de baixo custo e alta eficácia, podem ser adotadas pelas empresas para prevenir conflitos desnecessários e evitar a insatisfação derivada de boatos e de comunicação pouco clara a respeito das regras de promoção (política de combate ao favoritismo nas empresas). A empresa em que Carlos Eduardo trabalha instituiu um café da manhã de 15 minutos com os funcionários, no qual o presidente circula conversando, fazendo perguntas e esclarecendo dúvidas. Isso acabou sendo um santo remédio para eliminar focos de boatos e fofocas que dão farto material para a chamada "rádio peão" ou "rádio corredor".

Um sistema eficaz de comunicação oficial dentro da empresa é a melhor prevenção para enfraquecer as emissões de "rádio corredor". Da mesma forma, o serviço de ouvidoria dentro de uma empresa é um instrumento valioso na prevenção de conflitos: o ouvidor oferece uma escuta de qualidade para trabalhadores e clientes de uma organização com o intuito de ajudá-los a resolver os problemas apresentados, cujo agravamento poderia resultar em ações trabalhistas ou em migração do cliente para um concorrente.

Nos momentos em que o relacionamento está mais carregado de emoções, a distorção das mensagens do outro é um episódio freqüente, gerando mal-entendidos. "Mas não foi isso que eu disse!; "Você me interpretou mal!"; "Você está enganado, entendi direitinho e sei muito bem o que você quis dizer com isso!". Nesse tipo de pingue-pongue verbal, as palavras são atiradas como pedras para atingir o adversário, numa escalada de desentendimentos e acusações recíprocas. Na base de tudo isso encontram-se as hipóteses que são consideradas como verdade irrefutável: pensamos que estamos certos, e dificilmente seremos convencidos de que a realidade é outra.

Para evitar essa "elevação da temperatura" estimulada pela indignação e pelo desespero de não conseguir se fazer entender, é importante parar para perguntar: "O que você entendeu do que eu disse?"; "Diga-me se estou entendendo corretamente o que você acabou de falar". Essa postura de verificar se a percepção está ou não distorcida revela o desejo de escutar e compreender e ajuda a prevenir ou dissolver os mal-entendidos que surgem da falta de clareza da comunicação ou da precária disposição de escutar de coração aberto.

O clima de instabilidade organizacional em função de demissões freqüentes ou de políticas de *downsizing* cria um ambiente propício para o tititi dos boatos: quem serão as próximas vítimas? Por outro lado, respeito, consideração e abertura de comunicação entre os diversos níveis hierárquicos, políticas claras de admissão, demissão e planos de carreira na empresa são fatores que reduzem a incidência de boatos.

E o que de melhor pode acontecer com Luíza, Bernardo e Suzana?

Mulher, mãe e profissional: o equilíbrio difícil, porém possível. As pressões de constante atualização não só para conquistar como também para preservar um bom lugar no mercado de trabalho, a exigência de bom desempenho para manter o emprego (e o marido!) e o sentimento de culpa por não estar tão presente na vida dos filhos angustiam muitas mulheres. O melhor que pode acontecer com Luíza é, em primeiro lugar, conversar consigo mesma para ver o que realmente faz sentido para ela, verificar o que de fato precisa fazer e o que pode deixar de ser feito para gerenciar melhor o tempo. A partir daí, expressar com clareza o que pensa e sente e ouvir com sensibilidade as necessidades do marido e do filho, pensando em conjunto sobre novas possibilidades de contato. E também descobrir que pequenas ações podem fazer a diferença de intensificar sua presença no pouco tempo disponível: por exemplo, combinar com o filho e o marido uma participação mais efetiva (e, se possível, divertida) em algumas tarefas da casa. Quando o casal trabalha em horário integral é essencial que eles desenvolvam uma parceria mais eficiente como cuidadores. Os filhos também gostam muito do contato com o pai.

Conviver com as diferenças é um processo essencial na harmonização de conflitos e um dos eixos fundamentais da construção da paz. A parceria entre família e escola é fundamental para combater os preconceitos entre crianças e adolescentes. Reconhecer a existência do preconceito e dar oportunidade à criança que sofre as agressões de expressar o que sente (raiva, medo, tristeza, insegurança) é o primeiro passo para fortalecê-la, de modo que ela possa enfrentar as manifestações preconceituosas com assertividade; a equipe escolar, além de mostrar compreensão pelo que a criança sente, precisa também trabalhar essa questão com as outras crianças, colocando claramente que as manifestações preconceituosas são inaceitáveis, procurando desenvolver a empatia e a conscientização da importância de conviver com a diversidade. O melhor que pode acontecer é Bernardo crescer sentindo-se amado e protegido, fortalecido para reconhecer e reagir com firmeza às manifestações do preconceito, associando-se a grupos que atuam nessa questão.

O bom conflito

Muitas pessoas "engolem sapos" porque imaginam que a única alternativa é "rodar a baiana". Sem coragem de partir para esse extremo, acumulam mágoas e ressentimentos, remoendo as queixas em silêncio. Isso, no ambiente de trabalho, é um dos principais motivos da desmotivação que resulta em queda de produtividade. O medo de desagradar os outros, de perder o emprego ou o amado faz com que algumas pessoas escutem caladas as críticas demolidoras e os comentários agressivos e, com isso, o conflito cresce até provocar uma ruptura do relacionamento. O melhor que pode acontecer com Suzana é descobrir "o caminho do meio": nem "engolir sapos" nem "rodar a baiana". Aprender a se expressar de modo claro e firme, dizendo que se sente mal com tantas críticas desencorajadoras, fazendo perguntas sobre o que está bom, pedindo sugestões sobre o que precisa melhorar: essas ações podem abrir um diálogo mais produtivo entre Suzana e a gerente, que, com isso, poderá aproveitar o *feedback* para refletir melhor sobre a necessidade de desenvolver maneiras mais eficazes de coordenar sua equipe.

Podemos dar e receber ajuda! 6

> — Pedir ajuda para resolver conflitos é sinal de fraqueza?
> — Ao contrário, é sinal de disposição para descobrir caminhos criativos de solução, em cooperação com os outros.

- ✗ Érica, de 12 anos, tem duas grandes amigas que, freqüentemente, se desentendem uma com a outra. Escuta pacientemente cada uma delas, diz que não quer que esses problemas estraguem a amizade das três e consegue persuadir as amigas a fazerem as pazes.

- ✗ Sara está casada há quase 50 anos. Ao sair para a empresa, o marido se despede dizendo: "É, vamos à luta!". Sara também trabalha na empresa familiar, num escritório independente do marido e dos dois filhos, que gritam alucinadamente uns com os outros. O marido se queixa dos filhos, e estes se queixam do pai autoritário e centralizador. Sara assume a tarefa de conciliar as divergências entre eles, acalmando-os e ajudando-os a focalizar o desenvolvimento da empresa.

✗ Mauro é gerente de uma plataforma de petróleo e, com freqüência, é solicitado a mediar conflitos entre funcionários "organizados" e seus colegas "bagunceiros" que deixam tudo desarrumado no camarote que compartilham.

Quais as habilidades que Érica demonstra para reatar as amizades abaladas pelos desentendimentos? Como Sara consegue "jogar água na fervura" nas brigas entre o marido e os filhos? Como Mauro contribui para melhorar o difícil convívio entre colegas que compartilham o alojamento no meio do oceano?

Quem é o terceiro facilitador?

Somos todos nós, porque até mesmo sem perceber atuamos como terceiro facilitador em muitos momentos do cotidiano, durante toda a nossa vida. São pessoas, organizações ou nações que tentam ajudar as partes a resolver o conflito. Pode ser formal (profissionais especialistas em solução de conflito) ou informal (não são profissionais contratados como mediadores, árbitros, etc.), como, por exemplo, amigos que conversam com o casal em conflito para evitar a separação, pais que apartam brigas dos filhos, padres, pastores e rabinos que conciliam famílias em crise.

Até as crianças pequenas tentam atenuar os conflitos: Rogério, de três anos, fica agitado quando vê os pais discutindo: tenta aproximá-los, pegando a mão de cada um deles para juntá-las, dizendo "briga, não, briga, não!".

Quando se expande o repertório de métodos de resolução de conflitos, aumentam as possibilidades de que sejam resolvidos de modos não-violentos. Por isso é importante que militantes de movimentos sociais, professores, alunos e policiais sejam capacitados como mediadores. Algumas organizações do Terceiro Setor estão incentivando a criação de Centros de Mediação Comunitária e, para isso, oferecem capacitação para que membros das próprias comunidades atuem como mediadores. Pelo fato de residirem na comunidade, a relação de confiança se estabelece mais prontamente, por terem um conhecimento mais profundo da realidade local. Nessas comunidades, são comuns os conflitos entre vizinhos: um constrói uma casa que obstrui a janela do outro, por exemplo. Como não são construções legalizadas, não podem recorrer à Justiça; quando não conseguem chegar a um acordo por conta própria, recorrem ao mediador comunitário.

Portanto, quando o conflito se intensifica a ponto de inviabilizar a livre negociação entre as partes, busca-se um terceiro facilitador. *Facilitar significa, essencialmente, expandir as possibilidades de tomada de decisões para resolver o conflito.* Na mediação, o papel do terceiro facilitador é ajudar a libertar as pessoas em conflito que estão aprisionadas numa batalha de ganhar–perder. O trabalho do mediador é persuadir os adversários a mudar suas posições até atingir um ponto de concordância aceitável. Para isso, é importante que as pessoas em conflito acreditem que chegar a uma solução negociada custa menos tempo e dinheiro do que entrar no emaranhado das ações judiciais.

Dora e Jorge Schnitman dizem que o trabalho do terceiro facilitador está baseado numa teoria de solução de conflitos que acredita que as pessoas são seres racionais e capazes de harmonizar suas diferenças. Portanto, o terceiro facilitador escuta com atenção, esclarece as questões, estimula a criação de opções e ajuda as pessoas a chegarem às suas próprias soluções. Ele motiva sem manipular e incentiva a construção do acordo sem coerção. Esses autores acreditam no poder da linguagem para construir o clima do relacionamento e até mesmo para a construção de outras realidades.

A linguagem cria e destrói, revela e oculta. O mundo não está totalmente determinado pelos "fatos": nossa percepção e nossos relatos selecionam alguns aspectos do existente e omitem outros. Nossas ações são influenciadas pela linguagem que adotamos: podemos colocar o foco no que falta, nos problemas, nas razões pelas quais as coisas não andam bem; mas podemos escolher colocar o foco no que está bem e pode ficar ainda melhor. Quando apreciamos as competências das pessoas, abrimos novos espaços para ser e atuar.

Portanto, certas formas de comunicação são mais eficazes para abrir novas possibilidades e construir um clima melhor no relacionamento. Nesse sentido, a linguagem não descreve a realidade, mas cria diferentes realidades. Por isso, podemos construir novas maneiras de conversar que resultem na busca ampliada de soluções e de responsabilidades compartilhadas, em vez de empacarmos em justificativas, queixas e acusações. *Isso significa sair da postura de dar desculpas para a postura de assumir responsabilidades.* Com isso, aumentamos nosso poder de transformar a situação em que estamos.

As habilidades do terceiro facilitador

- ✗ **Criar confiança** – gostar de lidar com pessoas, ter uma atitude de respeito e de interesse genuíno em ajudar os outros a viver melhor são ingredientes fundamentais para criar confiança. Isso se transmite basicamente pelos canais não-verbais da comunicação: qualidade do olhar, postura do corpo, gestos, tom de voz. Quando há confiança no mediador e no processo de mediação as pessoas se defendem menos e colaboram mais. A garantia de que o conteúdo das sessões de mediação permanecerá em sigilo reforça a confiança. No entanto, só podemos ajudar quando nos dão permissão: qual a porta, a janela ou a pequena fresta que está aberta para que possamos entrar? Na medida em que a relação de confiança se estrutura, outros acessos se abrem. Às vezes, as pessoas estão tão angustiadas que escancaram todas as portas e janelas (como se a relação de confiança se instalasse de modo instantâneo), falando compulsivamente de problemas familiares, amorosos, profissionais, considerando o mediador como o Messias esperado para salvá-las – nesses casos, cabe ao profissional esclarecer as prioridades e colocar os limites referentes à sua área de competência.

✗ **Comunicar-se com eficácia** – mostrar firmeza e consistência ao definir as propostas do trabalho, estabelecendo os devidos limites (por exemplo, não permitindo que as pessoas interrompam os respectivos relatos ou se ataquem violentamente). É essencial explicar claramente as características do trabalho e o papel do facilitador, em vez de supor que tudo isso será automaticamente compreendido.

✗ **Cultivar neutralidade, paciência, empatia** – saber diferenciar entre sua própria percepção da situação e o modo como cada pessoa percebe, sente e avalia a mesma situação. A neutralidade se traduz em ações tais como não julgar, não dar conselhos, não favorecer uma das partes em detrimento da outra, não dar opiniões pessoais. A paciência é necessária para poder explorar mais a fundo o "iceberg" do conflito. A capacidade de se colocar no lugar de cada pessoa (empatia) é essencial para desenvolver uma visão mais ampla e imparcial das questões apresentadas.

✗ **Sensibilidade para captar a complexidade do conflito** – desenvolver a flexibilidade para olhar as questões apresentadas sob diferentes ângulos e ser capaz de traduzir essa compreensão da complexidade em palavras simples para clarear aspectos confusos e obscuros dos relatos. Isso contribui para o fortalecimento da relação de confiança e da segurança de estar trabalhando com um profissional competente.

✗ **Demonstrar que entende as diferentes perspectivas** – isso ajuda as pessoas em conflito a entender um pouco mais dos respectivos pontos de vista, contribuindo para a construção de uma terceira narrativa, diferente do relato de cada uma. Essa é a condição essencial para redefinir o problema e descobrir caminhos para resolvê-lo.

- ✗ **Habilidade para descobrir os interesses comuns** – e, além disso, procurar mostrar com clareza que nem sempre a diferença significa incompatibilidade. Descobrir os interesses comuns é condição essencial para facilitar a passagem de adversários para "sócios do problema". É preciso transmitir com clareza a noção de que quem faz parte do problema também pode fazer parte da solução.

- ✗ **Capacidade para ajudar as pessoas a criarem boas soluções** – as perguntas em suas diferentes modalidades, a capacidade de examinar mais a fundo os sentimentos subjacentes para que as pessoas consigam sair de suas posições rígidas e colocar o foco na solução do conflito; o terceiro facilitador estimula a motivação para a solução do conflito utilizando os recursos de comunicação que conduzem à abertura do leque de opções que resultará na construção do acordo.

Durante o processo de mediação, é muito importante estar atento à construção da confiança, que, uma vez perdida, é difícil de reconstruir. A confiança se constrói:

- ✗ Tratando as pessoas em conflito com respeito e consideração.

- ✗ Criando um ambiente em que todos se sintam à vontade e em segurança.
- ✗ Escutando atentamente o relato de cada um.
- ✗ Reduzindo o nível de medo entre as pessoas em conflito.
- ✗ Transmitindo interesse pelo problema.
- ✗ Dando a entender que pode ajudar a resolvê-lo.
- ✗ Jamais julgar, depreciar ou acusar as pessoas ou dizer a elas o que tem de ser feito.

Há regras básicas que facilitam o bom desenvolvimento da mediação, arbitragem, formação de consenso e negociação. As principais são:

- ✗ Não interromper o relato da outra pessoa.
- ✗ Não acusar, atacar, depreciar, ofender.
- ✗ Fazer perguntas para esclarecer e compreender melhor.
- ✗ Ouvir respeitosamente e tentar entender as necessidades e interesses da outra pessoa.

Essas regras são explicitadas no primeiro encontro. As regras previnem a escalada do conflito e delineiam melhor o processo. Na mediação, sugere-se que, exceto em casos de emergência, as pessoas em conflito não iniciem uma litigância no decorrer do trabalho de mediação.

As principais ações do terceiro facilitador na solução dos conflitos estão, evidentemente, relacionadas com o desenvolvimento das habilidades anteriormente descritas.

- ✗ Definir o trabalho, criar confiança.
- ✗ Ouvir o relato de cada um.
- ✗ Perceber os interesses de cada pessoa (ir além das posições).
- ✗ Descobrir as áreas comuns.
- ✗ Sintetizar, com compreensão, as questões principais e os sentimentos envolvidos.
- ✗ Ajudar as pessoas a pensar em diversas opções e a avaliar os prós e os contras de cada uma.
- ✗ Ajudar a construir o acordo ou, pelo menos, avançar mais na compreensão dos respectivos pontos de vista, aumentando o respeito no relacionamento.

Para esse processo, *é essencial ter bem clara a diferença entre interesse (o que realmente a pessoa quer) e a posição (o que a pessoa diz que quer).* Quando o conflito é definido em termos de posição, parece intratável; a saída é redefinir o conflito em termos dos interesses subjacentes, encontrando a área em comum.

Os interesses são desejos, temores, preocupações que estão subjacentes às posições. Às vezes estão vinculados a coisas materiais que as pessoas dizem que querem, tais como dinheiro, propriedades, cargos e promoções. Na negociação focalizada nos interesses podem-se descobrir problemas ocultos e definir prioridades a serem atendidas; encontrar soluções que satisfaçam aos interesses de ambas as partes conduz a um grau mais elevado de satisfação, melhor nível de relacionamento e menores custos do que as negociações centradas nos direitos e no poder.

As pessoas em conflito confundem posição com interesse; definem o que querem na base do "tudo ou nada", procuram soluções 100% satisfatórias para suas posições, sem consideração pela outra parte. Quando o conflito é visto dessa forma, só se consegue enxergar soluções na base do perder–ganhar. *Quando se consegue ver melhor por que as pessoas querem isso ou aquilo, pode-se encontrar uma área de interesses comuns, em que a solução criada pode atender razoavelmente a ambas as partes.* As posições podem ser incompatíveis, mas os interesses podem ser comuns. Perguntas: o que querem? (explorar posição); por que querem o que dizem que querem? explorar interesse). Os interesses são necessidades humanas básicas: ser reconhecido, ter segurança, autonomia.

Os caminhos da negociação, conciliação, mediação e arbitragem

Na verdade, esses modos de resolver conflitos existem desde os primórdios da humanidade. Definindo de modo simples e sintético: a negociação acontece quando as pessoas que estão em posições antagônicas buscam, por conta própria, resolver o conflito examinando o que realmente desejam e se propondo a encontrar uma solução satisfatória para ambas as partes. Os "acordos de bom convívio" também podem ser negociados para evitar disputas como, por exemplo, numa família em que as pessoas repartem tarefas ou definem um critério para compartilhar o uso do computador. Na verdade, o bom convívio na família e no trabalho depende muito das habilidades de negociação.

Há autores que consideram conciliação e mediação como sinônimos; outros consideram que, embora o conciliador utilize as mesmas habilidades do mediador, a conciliação é um processo mais informal, menos estruturado que a mediação. O conciliador, diferente do mediador, pode dar conselhos e opinião pessoal, empenhando-se mais diretamente em obter o consenso entre as pessoas em conflito oferecendo soluções baseadas no bom senso. Já a arbitragem é útil para resolver disputas mais difíceis, no sentido de envolver um parecer técnico, para evitar que o conflito se torne crônico ou entre na escalada que resulta em deterioração do relacionamento. O árbitro é escolhido pelas pessoas em conflito para avaliar a situação e decidir a melhor maneira de resolver a questão: seu laudo tem os mesmos efeitos que a sentença do juiz.

Como mostra Vianna de Lima, desembargador, a conciliação, a mediação e a arbitragem formam um leque de opções para resolver conflitos de forma ágil, eficiente e menos dispendiosa do que no Judiciário, sobrecarregado com o excesso de demandas. Há correntes dentro do próprio Judiciário que estão encorajando a conciliação em vez da litigância. Nessa mudança de conceitos, será necessário valorizar mais (inclusive financeiramente) as ações conciliatórias do que as sentenças, que não atingem as raízes dos conflitos.

Na definição de E. Carvalhal, professor de Negociação, a negociação é um processo em que duas ou mais partes, com interesses comuns e antagônicos, se reúnem para confrontar e discutir propostas explícitas com o objetivo de alcançar um acordo. É um processo de gestão de conflitos e de maximização de oportunidades. Inclui dois processos: criar valor e reivindicar valor. Esse autor considera fundamental que o negociador saiba o que quer e o que tem para dar em troca para a outra parte. Se ampliar as possibilidades de oferta, criando valores alternativos, pode também aumentar seu poder de barganha.

Em organizações e em grupos de trabalho, a negociação pode ser vista como um processo permanente de construção de sentido. Para isso, é preciso desenvolver uma habilidade ampla de conversar em grupo para construir consensos. A incerteza faz parte desse campo e é preciso enfrentá-la. Especialmente na área de projetos sociais, a incerteza é a regra, não a exceção.

Quando o conflito se torna muito intenso ou complexo e as pessoas envolvidas não conseguem resolvê-lo pela negociação, surge a necessidade de recorrer à ajuda de um "terceiro facilitador" para fazer conciliação, mediação ou arbitragem. Na arbitragem, a pessoa escolhida pelas partes, por ser perita na matéria sobre a qual irá decidir, diz como o conflito deve ser resolvido; portanto, *o árbitro intervém no conflito para fazer alguma recomendação ou tomar uma decisão que as partes não conseguiram negociar entre si*. Ao ouvir as partes e analisar o problema, o árbitro controla o processo, faz um "julgamento" e profere uma "sentença" que deverá ser acatada.

Ao trabalhar com mediação, consideramos que os seres humanos são capazes de resolver seus problemas de modo eficiente. A função do mediador é restabelecer a capacidade negociadora que existe em todos nós, na medida em que consideramos o conflito como oportunidade de crescimento e evolução. É uma negociação assistida, com o objetivo de estimular as pessoas a formular soluções que as permitam sair do impasse em que se encontram.

O mediador ajuda as pessoas em conflito a se escutarem e a entenderem melhor o problema para que elas próprias encontrem os meios de resolvê-lo, ou seja, uma solução mutuamente aceitável para o problema que apresentam. A mediação tem sido cada vez mais utilizada para abordar vários tipos de conflito: entre pessoas da família, entre casais que estão se divorciando, entre vizinhos, colegas de trabalho, sócios de um negócio, comerciantes e clientes, inquilinos e proprietários, condôminos, nas escolas, nas empresas, nas comunidades, em questões de meio ambiente e em conflitos entre nações.

Considera-se que a mediação é particularmente eficaz quando o conflito está "maduro". Antes de chegar a essa etapa, as pessoas podem não estar suficientemente incomodadas para se motivarem a resolver o problema; depois que "passa do ponto", ficam enraivecidas demais ou empacam nas próprias posições, tornando-se impermeáveis aos esforços do mediador. O momento propício é quando as pessoas sentem que não estão chegando a lugar algum lutando pelo poder ou tentando impor ao outro seus próprios pontos de vista. Em outras palavras, quando o custo de perpetuar a discórdia está maior do que o benefício.

Por isso, o trabalho do mediador envolve a criação de um clima de segurança, evitando o transbordamento de sentimentos negativos, estabelecendo regras claras de conduta durante a sessão de mediação e mantendo o foco nas questões apresentadas. Examinando o conflito mais a fundo, é possível descobrir interesses comuns, e não apenas interesses diferentes e conflitantes. O mediador tenta explorar os interesses diferentes que não são conflitantes para ajudar a delinear a área em comum.

Na mediação, é preciso encorajar as pessoas em conflito a apresentar suas propostas de maneiras construtivas, evitando as discussões improdutivas ou agressivas e fracionando os problemas complicados em unidades mais fáceis de trabalhar. Ao encorajar a criação conjunta de um maior número de opções para resolver o problema, utiliza-se a tática de "aumentar o bolo", para possibilitar um acordo em que ambos ganhem. O processo de mediação facilita o diálogo e cria um clima positivo para a solução de conflitos, ajudando as pessoas a entenderem que diferença nem sempre significa incompatibilidade.

No primeiro encontro, é essencial informar os participantes sobre o que é mediação, qual o papel do mediador e explicitar os comportamentos considerados inaceitáveis (por exemplo, interromper a fala do outro, ofender, gritar, falar de modo grosseiro ou desrespeitoso); com isso, é possível estabelecer um espaço seguro para buscar soluções e começar a construir a relação de confiança entre os participantes e o mediador.

Ao ouvir o relato de cada pessoa, é fundamental que o mediador a auxilie a apresentar a situação do seu ponto de vista e da maneira mais clara possível, de modo que possa ser respeitosamente ouvida pelos demais; sempre que julgar oportuno, o mediador procurará resumir as questões principais da controvérsia. Desde o início do processo, é preciso que fique bem claro que cada pessoa terá oportunidade de contar sua história e explicar o que deseja. O mediador ouve atentamente todas as versões da mesma situação e, no decorrer dos relatos, lida com as emoções despertadas e facilita uma comunicação clara e eficiente.

No decorrer da escuta atenta dos relatos, surgem oportunidades de definir as prioridades das questões que serão tratadas na mediação. O que será mais importante abordar em primeiro lugar? Quais as necessidades que precisam ser atendidas? Quais são as áreas de interesse comum? Quais os critérios que nortearão a construção do acordo?

Quando se alcança a etapa de formular opções que possam satisfazer as necessidades de ambas as partes, é importante deixar bem claro que, inicialmente, haverá total liberdade de apresentar essas opções sem julgamento crítico (processo de *brainstorming* ou, segundo a terminologia de alguns autores, "chuva de idéias"). Só posteriormente, as opções serão avaliadas de acordo com os critérios estabelecidos.

Quando a lista de opções é examinada em conjunto é possível combinar as que são equivalentes, eliminar as redundantes e as que não se encaixam nos critérios. A partir daí, a função do mediador é estimular o diálogo sobre as opções restantes, fazendo perguntas a respeito das vantagens e desvantagens de cada uma, refletindo sobre os possíveis obstáculos à implementação dessas opções. Em síntese, o mediador promove a reflexão sobre o impacto possível de cada uma das opções selecionadas para que as pessoas tenham uma base eficiente para construir o acordo ou, quando isso não é possível, abrir caminhos para um relacionamento mais respeitoso.

As habilidades para atuar como terceiro facilitador podem ser desenvolvidas desde a infância. As pesquisas sobre o desenvolvimento emocional das crianças mostram que a capacidade de empatia já está presente no decorrer do primeiro ano de vida. Quando, em 1953, a UNESCO estruturou o PEA (Programa das Escolas Associadas) para promover a Cultura da Paz, criou uma abordagem que possibilita à equipe escolar trabalhar com as crianças, a partir dos primeiros anos de vida, maneiras eficazes de lidar com os conflitos. Essa iniciativa surgiu do reconhecimento de que a escola é um lugar privilegiado para se aprender os fundamentos do diálogo e da convivência pacífica, solidificando o conceito de que a violência física ou verbal é um modo inaceitável de resolver conflitos. Atualmente, muitas escolas promovem capacitação de crianças e adolescentes em *mediação de pares*. Muitos episódios de brigas, suspensões e até mesmo expulsões podem ser evitados: ao aprender os princípios da comunicação colaborativa, esses jovens mediadores conseguem, com sucesso, ajudar colegas (e até mesmo pessoas da própria família) a transformar conflitos em terra fértil para boas soluções, melhorando a qualidade do relacionamento.

Transformando conflitos, melhorando relacionamentos

O essencial é considerar que na negociação, na conciliação e na mediação não estamos apenas tentando resolver um problema: queremos também melhorar a qualidade de um relacionamento. As pessoas, em colaboração, constroem novas possibilidades para enfrentar e resolver os conflitos que as afligem.

Na mediação, há duas correntes principais: a mediação focalizada na solução do problema apresentado (buscando alcançar um acordo satisfatório para resolver um problema específico) e a que focaliza a melhoria do relacionamento (mediação transformadora, que procura aumentar o poder de autodeterminação e o reconhecimento mútuo das pessoas envolvidas no conflito, capacitando-as para resolver o problema imediato e também as questões futuras). O ponto em comum é que ambas utilizam um terceiro facilitador para encontrar um novo caminho para lidar com a disputa. O que difere é a definição de "novo caminho".

Bush e Folger são autores de referência na mediação transformadora. Para eles, o objetivo da mediação não é apenas resolver o conflito apresentado, mas melhorar a qualidade do relacionamento: se não for possível transformar adversários em bons amigos, que, pelo menos, sejam capazes de estabelecer um relacionamento respeitoso.

Nesse sentido, a mediação pode transformar a vida das pessoas. O acordo é apenas um aspecto de um tema mais importante: incrementar a reavaliação e o reconhecimento (compreender e respeitar os outros, levando-os em consideração). *A meta não é apenas ficar melhor, mas ser melhor.* As disputas não precisam ser consideradas como problemas, podem ser vistas como oportunidades de crescimento e transformação. Nesse sentido, não se busca "resolver o problema", mas ajudar a transformar as pessoas e o relacionamento.

Na mediação transformadora, procura-se alcançar uma melhor qualidade de relacionamento por meio da reavaliação (capacitar as pessoas para definir ou redefinir as questões e gerar soluções) e do reconhecimento (capacitar as pessoas para entender os respectivos pontos de vista e os motivos que geraram o conflito). O sucesso da mediação é medido pelo grau de reavaliação e reconhecimento alcançado, mesmo quando as pessoas em conflito não tenham chegado a um acordo imediato. Portanto, *o objetivo da transformação de conflitos é minimizar os efeitos destrutivos do conflito e maximizar o potencial de crescimento das pessoas e dos relacionamentos.*

Na mediação focalizada no problema apresentado, o mediador tem um papel muito ativo guiando o processo, cujo objetivo é a construção de um acordo que resolva o conflito visto como um problema. Trata-se de descobrir, no fundo dos interesses conflitantes, a área em comum que permite uma solução ganhar–ganhar. Todas as ações do mediador são orientadas para o objetivo de construir um acordo. Tenta-se, por exemplo, controlar a intensidade dos sentimentos de raiva e mágoa para que não prejudiquem o objetivo de chegar a um acordo; questões consideradas não-negociáveis são evitadas, colocando-se o foco nos interesses negociáveis; a revisão de situações passadas que possam ter dado origem à raiva ou à mágoa também não é considerada prioridade. O mediador estimula as pessoas a colocar o foco do que desejam no futuro e na descoberta de caminhos que possam conduzir a uma solução satisfatória para ambas as partes.

Na mediação transformadora, o conflito é visto como oportunidade de crescimento das pessoas e do relacionamento: portanto, procura-se estimular mudanças mais profundas e não apenas solucionar o problema apresentado. O mediador apresenta a proposta de trabalho como oportunidade de conversar sobre o problema diante de uma terceira pessoa, para esclarecer melhor o ponto de vista de cada uma e descobrir outras maneiras possíveis de lidar com o problema. Chegar a um acordo é apenas uma possibilidade, não é o objetivo principal da mediação transformadora. A meta é *mudar as pessoas para melhor, por meio do conflito.* Atingir essa mudança pessoal pode ser mais importante do que chegar a um acordo específico porque, desse modo, as pessoas acreditarão mais na sua capacidade de lidar com os desafios da vida. *Essa abordagem é muito útil para conflitos entre membros de uma família, vizinhos, colegas de trabalho.*

Por isso, há autores como John Paul Lederach que preferem utilizar o termo "transformação de conflitos", em vez de "gestão de conflitos" ou "solução de conflitos". A transformação de conflitos é um processo que tem como meta melhorar a qualidade do relacionamento sem recorrer à violência. Para esse autor, a perspectiva de transformação do conflito é diferente da resolução de conflitos, cujo objetivo é encontrar uma solução para o problema. A transformação nos orienta para a mudança. Na resolução, o foco é o problema atual (centrado no conteúdo); na transformação, o foco é o contexto dos padrões de relacionamento em que o conflito está inserido. Vai além do episódio, em busca do epicentro do conflito (a teia dos padrões de relacionamento). O episódio é apenas uma oportunidade de acessar o epicentro. A plataforma da transformação de conflito tem uma resposta de curto prazo e uma estratégia de longo prazo.

Ser reconhecido em suas qualidades é uma necessidade fundamental do ser humano. Há ocasiões em que basta perceber que há uma verdadeira compreensão e reconhecimento da validade de seus próprios argumentos e pontos de vista para que se restabeleça o clima de bem-estar no relacionamento. Por isso, na mediação transformadora, encoraja-se a expressão de sentimentos para dissolver mágoas, ressentimentos e mal-entendidos no relacionamento. O elogio "sob medida" ou, usando um termo técnico da psicoterapia, a "conotação positiva" tem o poder de criar um clima de bem-estar e de motivação para intensificar o comportamento apreciado, aumentando a competência e superando as resistências.

Ana Cristina é obstetra e precisou internar com urgência uma paciente que estava em trabalho de parto prematuro. Ao telefonar para a maternidade, disseram que não havia leitos disponíveis; tentou falar com a enfermeira-chefe, que afirmou que nada poderia fazer; preocupada com a paciente, ligou para um amigo médico que trabalha na maternidade e ele prometeu que resolveria o problema disponibilizando um leito da "reserva técnica". Quando a paciente chegou ao hospital, a enfermeira havia bloqueado a internação, alegando que o médico havia "passado por cima de sua autoridade".

Quando Ana Cristina chegou, encontrou o conflito armado e resolveu falar diretamente com a enfermeira. Iniciou a conversa falando de sua preocupação com o estado da paciente, reconhecendo a dificuldade de lidar com o problema da falta de leitos, reafirmando sua confiança na equipe da maternidade e pedindo colaboração: "Tenho certeza de que você vai me ajudar a fazer o melhor possível para que eu possa atender a paciente aqui". Após uma breve resistência, a enfermeira disse que veria o que poderia fazer e acabou liberando a "reserva técnica". Conflitos de poder, especialmente entre a equipe médica e a de enfermagem, podem resultar em problemas de atendimento aos pacientes. Ana Cristina, ao evitar o confronto e as ameaças, aliviou o ressentimento da enfermeira, minando sua resistência e permitindo que fosse feito o melhor para todos.

Na avaliação de desempenho (seja de alunos, seja de funcionários), é recomendável começar descrevendo os aspectos positivos, para depois falar do que precisa ser melhorado. Como terceiro facilitador na solução de conflitos, é útil reconhecer os aspectos positivos do relacionamento entre os oponentes (as áreas livres de conflito), e não se referir apenas à discórdia. Na mediação, na medida em que avançamos no processo, valorizar os pequenos progressos é imensamente eficaz para estimular as pessoas a ampliar a área dos interesses comuns que levarão a um acordo mutuamente satisfatório e à melhoria do relacionamento.

E o que de melhor pode acontecer com Érica, Sara e Mauro?

Com os conhecimentos atuais de psicologia do desenvolvimento, sabemos que a capacidade de empatia começa a se desenvolver nos primeiros anos de vida. E as crianças mais sensíveis para perceber os matizes dos relacionamentos conseguem facilmente desenvolver a capacidade de escuta e facilitar o entendimento entre as pessoas, ajudando-as a perceber o ponto de vista uma da outra. Desde cedo, essas crianças que naturalmente conseguem mediar conflitos acreditam que é possível superar os desentendimentos e os mal-entendidos com tolerância pelas diferenças e paciência para encontrar a área em comum nas divergências. Conseguem também desenvolver a persuasão para convencer as pessoas que brigam de que "fazer as pazes" é melhor do que declarar guerra. O melhor que pode acontecer com Érica é aprofundar o desenvolvimento dessas habilidades como mediadora de conflitos para que possa contribuir para o melhor entendimento entre as pessoas.

No entanto, algumas pessoas que desenvolvem fortemente essa habilidade de promover a conciliação tendem a centralizar em si mesmas a resolução dos conflitos alheios. Desse modo, acabam absorvendo os problemas dos outros como se fossem esponjas e se estressando com isso até a ponto de adoecer. Os outros passam a utilizar essa "ouvidoria" para descarregar queixas, tensões e insatisfações mais do que como oportunidade de resolver efetivamente as dificuldades que se apresentam. O melhor que pode acontecer com Sara é ela continuar exercendo sua capacidade de escuta sensível sem, no entanto, colocar em seus ombros toda a responsabilidade de conciliação para que seu marido e seus filhos consigam abrir canais diretos entre eles próprios para superar seus desentendimentos.

Os gerentes são freqüentemente solicitados a atuar como mediadores pelos funcionários que não conseguiram negociar soluções aceitáveis para seus conflitos. Mauro, no entanto, não coloca sobre seus ombros a responsabilidade de "acabar com os problemas". Sabe que, com a escuta sensível, contribui para que os envolvidos no conflito possam compreender melhor o que acontece com cada um e facilitar que eles próprios consigam construir um "acordo de bom convívio" que suavize a difícil tarefa de compartilhar um espaço pequeno durante dias seguidos de trabalho no meio do oceano. O melhor que pode acontecer com Mauro é continuar desenvolvendo essa habilidade para atuar como terceiro facilitador, conquistando a confiança e a colaboração das pessoas que compõem sua equipe.

Conclusão: Todos nós somos capazes de resolver conflitos! 7

— Há pessoas que já nascem com a habilidade de resolver conflitos?
— As pessoas diferem em seus talentos para o relacionamento, mas as habilidades necessárias para a solução de conflitos podem ser aprendidas no decorrer da vida.

A seguir, uma síntese dos principais conceitos abordados no livro, com o objetivo de facilitar o desenvolvimento de nossas habilidades como negociadores e mediadores de conflitos.

O conflito

✗ Acontece em todos os relacionamentos humanos, quando as pessoas acreditam que suas necessidades não podem ser satisfeitas simultaneamente.

O bom conflito

- ✗ Pode ser um motivador de mudanças.
- ✗ Não é bom nem ruim: o que define a qualidade do conflito e suas conseqüências é a maneira de lidar com ele.
- ✗ O conceito de "bom conflito" significa utilizar a divergência como terra fértil para criar soluções satisfatórias para ambas as partes, melhorando a qualidade do relacionamento.
- ✗ Para seguir a trilha do bom conflito, é preciso aprender a atacar o problema sem atacar as pessoas.

Nossa percepção

- ✗ Nossos órgãos dos sentidos são muito limitados; por isso, ninguém percebe corretamente "a realidade dos fatos". É importante compreender e respeitar o ponto de vista de cada um.
- ✗ Quando conseguimos perceber o conflito por outros ângulos, é possível redefini-lo e sair da rigidez das posições que impedem a criação de soluções satisfatórias.
- ✗ Nossa percepção influencia profundamente nossas ações. Mudando a maneira de olhar, mudamos a maneira de sentir e de agir.

A visão sistêmica

- ✗ O todo é mais do que a soma das partes.

✗ A visão sistêmica (também conhecida como visão do todo ou visão holística) é muito útil para captar a complexidade dos conflitos.

✗ A visão sistêmica supõe a causalidade circular, e não a linear (causa e efeito), enfatizando a interdependência de todos com todos e de tudo com tudo.

O poder

✗ Na visão tradicional, ter poder é ser capaz de derrotar o outro – é o modelo da guerra, com vencedores e perdedores.

✗ Quanto mais se usa o poder pela imposição de força, mais se dificulta a solução do conflito pela colaboração.

✗ No modelo do "bom conflito", poder é a capacidade de gerar soluções em colaboração. É o que caracteriza a abordagem "ganhar–ganhar".

✗ Há três formas de poder social: coerção (ameaça, sanções, embargos), troca (reciprocidade, dar e receber, barganhar) e integração (cooperação): respectivamente, trata-se de "poder sobre, poder para e poder com".

Nossa raiva

✗ Os conflitos estimulam sentimentos intensos, principalmente a raiva.

- ✗ Ao descobrir os sentimentos que estão por baixo da raiva (tristeza, humilhação, medo), é possível transformá-la e contribuir para que as pessoas parem de empacar nas respectivas posições.
- ✗ A energia da "boa raiva" nos ajuda a batalhar pelo que queremos, a ser assertivos e a encarar os desafios da vida.
- ✗ Sentir raiva é normal e inevitável, mas há maneiras aceitáveis e inaceitáveis de expressá-la.
- ✗ Na administração da raiva, é preciso que a gente aprenda a tomar conta da raiva, em vez de deixar a raiva tomar conta da gente.

Os canais da comunicação

- ✗ A solução de conflitos depende, em grande parte, da clareza e da eficácia da comunicação.
- ✗ Na comunicação, há três canais principais: palavras, expressões corporais e atos (componentes verbais e não-verbais).

A escuta sensível

- ✗ É a base dos "combinados" ou "acordos de bom convívio" em todos os relacionamentos humanos.
- ✗ A sensibilidade para escutar pode ser aprimorada no decorrer da vida.

- ✗ Escutar não é apenas ouvir o que a outra pessoa está dizendo, mas procurar captar as mensagens latentes, os sentimentos subjacentes ao que está sendo dito.
- ✗ A boa escuta aumenta a confiança e o respeito, encoraja a expressão de sentimentos e estimula a colaboração para resolver o problema.

Saber perguntar

- ✗ As perguntas são como bússolas que nos guiam pelo território complexo do conflito.
- ✗ As perguntas exploradoras são úteis para obter informações e definir o problema; as transformadoras ajudam a redefinir o problema, mudando o ângulo de visão.
- ✗ As perguntas úteis são as que estimulam a reflexão para que as pessoas consigam ver a situação de outros ângulos.

O terceiro facilitador

- ✗ Somos todos nós, no cotidiano dos relacionamentos na família, na escola, no trabalho, na comunidade.
- ✗ Quando os pais atuam como mediadores do conflito, conseguem ajudar os filhos a "combinar mais para brigar menos".
- ✗ Quando o conflito se torna muito intenso ou complexo e as pessoas envolvidas não conseguem re-

solvê-lo pela negociação, surge a necessidade de recorrer à ajuda de um "terceiro facilitador" para fazer conciliação, mediação ou arbitragem.

✗ Na mediação, o papel do terceiro facilitador é ajudar a libertar as pessoas em conflito que estão aprisionadas numa batalha de ganhar-perder.

✗ O mediador escuta com atenção, esclarece as questões, identifica as áreas de interesses em comum, estimula a criação de opções e ajuda as pessoas a chegarem às suas próprias soluções.

A resolução de conflitos

✗ O grande segredo da resolução de conflitos é a habilidade de enxergar além das divergências para encontrar as semelhanças e investir esforços para expandir essa área em comum.

✗ Para isso, é essencial ter bem clara a diferença entre interesse (o que realmente a pessoa quer) e a posição (o que a pessoa diz que quer).

✗ Os diálogos eficazes (em que ouvir é tão importante quanto falar) sobre temas polêmicos nem sempre produzem acordos, porém, contribuem para estruturar um relacionamento respeitoso entre os adversários.

✗ Na perspectiva do trabalho em co-responsabilidade, a resolução de conflitos é uma tarefa compartilhada: "Juntos criamos o problema e juntos encontraremos uma solução".

Bibliografia

BARRETO, Adalberto. *Terapia comunitária passo a passo.* Fortaleza: Gráfica LCR, 2005.

BUSH, B.; Folger, J. *La promesa de la mediación.* Buenos Aires: Granica, 1996.

CARVALHAL, Eugênio de. *Negociação – fortalecendo o processo.* Rio de Janeiro: Vision, 2002.

DALAI LAMA. *A arte de lidar com a raiva – o poder da paciência.* Rio de Janeiro: Campus, 2001.

HIRIGOYEN, Marie-France. *Assédio moral – a violência perversa no cotidiano.* Rio de Janeiro: Bertrand Brasil, 2000.

KRIESBERG, Louis. *Constructive conflicts – from escalation to resolution.* Maryland: Rowman & Littlefield, 2003.

LEDERACH, John Paul. *The little book of conflict transformation.* Pennsylvania: Good Books, 2003.

LIMA, Cláudio Vianna de. *Arbitragem – a solução*, Rio de Janeiro: Forense, 1994.

LITTLEJOHN, Stephen; DOMENICI, Kathy. Objetivos e métodos de comunicação na mediação. In: SCHNITMAN, Dora; LITTLEJOHN, Stephen (orgs.). *Novos paradigmas em mediação.* Porto Alegre: Artmed, 1999.

LUSKIN, Fred. *O poder do perdão.* São Paulo: W11 editores, 2002.

MALDONADO, Maria Tereza. *Os construtores da paz*. São Paulo: Moderna, 2004.

PENHA, Cícero Domingos. *Empresa Rede*., Minas Gerais: Unialgar, 2005.

PONIEMAN, Alejandro. *Que hacer con los conflictos*. Buenos Aires: Editorial Losada, 2005.

PRIMAVERA, Heloísa. Gerência social e epistemologia: reflexões sobre a construção de ferramentas de intervenção. In: SCHNITMAN, Dora; LITTLEJOHN, Stephen (orgs.). *Novos paradigmas em mediação*. Porto Alegre: Artmed, 1999.

SCHNEIER, Bruce. *Beyond fear: thinking sensibly about security in an uncertain world*. New York: Copernicus Books, 2003.

SCHNITMAN, Dora e Jorge, *Nuevos paradigmas en la resolución de conflictos*. Buenos Aires: Granica, 2000.

_____. *Resolución de conflictos: nuevos diseños, nuevos contextos*. Buenos Aires: Granica, 2000.

SCHNITMAN, Dora; LITTLEJOHN, Stephen (orgs.). *Novos paradigmas em mediação*. Porto Alegre: Artmed, 1999.

SCHWAB, Klaus. Mudanças na equação do poder. *O Globo*, 23 jan. 2007.

SUAREZ, Marines. *Mediando em sistemas familiares*. Buenos Aires: Paidós, 2002.

URY, William. *Chegando ao sim*. Rio de Janeiro: Imago, 1994.

_____. *Superando o não.* São Paulo: Best Seller, 2003.

Vários colaboradores. AFTA (American Family Therapy Academy) Monograph Series: "Touched by warzones". v. 1, n. 1, 2005.

Vários colaboradores. UNESCO and a culture of peace – promoting a global movement. Publicação da UNESCO, Paris, 1995.

Sites consultados

www.amana-key.com.br – para o artigo de Oscar Motomura, "Gestão biológica", outubro de 2003.

www.conflict.colorado.edu – site com rico conteúdo sobre resolução de conflitos, a partir do trabalho de vários autores da equipe da Universidade do Colorado (University of Colorado Conflict Research Consortium).

www.educacao.sp.gov.br – para os Programas Comunidade Presente e Escola da Família.

www.mediate.ca – site de profissionais canadenses, com informações didáticas e sintéticas sobre mediação de conflitos em diversas áreas, tais como família, negócios e tecnologia.

www.publicconversations.org/ – para a metodologia e o funcionamento dos Projetos de Conversação Pública (PCP).

OUTROS LANÇAMENTOS DA AUTORA

Nós estamos grávidos

Autores: Maria Tereza Maldonado e Júlio Dickstein
ISBN: 978-85-99362-53-2
Número de páginas: 240
Formato: 14 x 21 cm

Comunicação entre pais e filhos

Autor: Maria Tereza Maldonado
ISBN: 978-85-99362-26-6
Número de páginas: 256
Formato: 14 x 21 cm

Casamento, término e reconstrução

Autor: Maria Tereza Maldonado
ISBN: 978-85-99362-42-6
Número de páginas: 304
Formato: 14 x 21 cm

Palavra de Mulher

Autoras: Maria Tereza Maldonado e Mariana Maldonado
ISBN: 978-85-99362-12-9
Número de páginas: 216
Formato: 14 x 21 cm

Cá entre Nós

Autor: Maria Tereza Maldonado
ISBN: 978-85-99362-03-8
Número de páginas: 224
Formato: 14 x 21 cm

Histórias da Vida Inteira

Autor: Maria Tereza Maldonado
ISBN: 978-85-99362-06-2
Número de páginas: 128
Formato: 14 x 21 cm

Para mais informações, consulte o site
www.mtmaldonado.com.br/
ou entre em contato pelo e-mail
mtmaldonado@mtmaldonado.com.br

CONHEÇA AS NOSSAS MÍDIAS

www.twitter.com/integrare_edit
www.integrareeditora.com.br/blog
www.facebook.com/integrare.editora

www.integrareeditora.com.br